THOMAS DIENBERG

DIE MITTE FINDEN

Herausgegeben
vom
Institut für Spiritualität Münster

Thomas Dienberg

Die Mitte finden

Wegbegleiter im Labyrinth des Lebens

Verlag Katholisches Bibelwerk, Stuttgart

Die Deutsche Bibliothek – CIP-Einheitsaufnahme

Ein Titeldatensatz für diese Publikation ist bei
Der Deutschen Bibliothek erhältlich.

ISBN 3-460-32105-9
Alle Rechte vorbehalten
© 2002 Verlag Katholisches Bibelwerk GmbH, Stuttgart
Umschlaggestaltung: Finken & Bumiller, Stuttgart
Geamtherstellung: W. Röck GmbH Druck + Medien, Weinsberg

INHALT

Einleitung 7
1. Der Weg als Symbol 9
2. Das Wegmotiv in der Heiligen Schrift 14
3. Das Wegmotiv in der Tradition 19

I. Erfahrungen auf dem Wege machen 22
1. Erfahren und erleben 26
2. Gott erfahren 31
3. Christlich Gott erfahren und geistlich leben 35
4. Gelebte geistliche Erfahrungen 41

II. Biographie und Lebenserfahrungen als geistliche Wegerfahrungen 55
1. Grenzen erfahren und eine Spiritualität des ‚Scheiterns' leben 59
2. Den Alltag mithilfe von Ritualen gestalten und prägen 67
3. Umformen: Das Gestaltprinzip geistlichen Lebens 77

III. Kreativität, Kunst und der geistliche Weg 83
1. Spiritualität und Literatur: Heinrich Böll 89
2. Spiritualität und Musik: Olivier Messiaen 100
3. Spiritualität und darstellende Kunst: Joseph Beuys 108

IV. Engel – Figuren am Wegesrand 117

  1. Engel begleiten den Weg der Tradition
und Geschichte 120
  2. Engel in der eigenen Biographie erfahren 133
  3. Engel gestalten die Kunst 140

Schlusswort: Spiritualität – ein Weggeschehen 152

EINLEITUNG

Die Mode ist kurzlebig. Sie zeigt auf, was im Moment schön oder ‚in' ist; sie ist saisonal bedingt – die Mode dieses Frühjahres wird im kommenden Frühjahr schon wieder außer Mode sein. Trends der Mode und modische Zeitströmungen sind schnelllebig und unterliegen dem Gesetz des Kommens und Gehens. Von der Spiritualität hört man ähnliches: ein Modewort, das alles und nichts bezeichnet, etwas, das gekommen ist und schnell wieder gehen wird. Doch die Zeichen der Zeit und der letzten zwei Jahrzehnte zeigen etwas anderes. Noch immer ist Spiritualität in aller Munde: in Verbindung mit der Esoterik gehört es dazu, spirituell zu sein; als umweltbewusster Mensch gilt es, eine ökologische Spiritualität zu leben; jemand, der Lebensweisheit besitzt, gilt als spirituell; spirituelle Meister sind gefragt – darum üben fernöstliche Weisheiten und Religionen heutzutage eine solch gewaltige Faszination aus.

Und die christliche Spiritualität? Was zeichnet diese aus? Was heißt überhaupt spirituell zu leben – und christlich spirituell?

Eine Umschreibung dieses so schwierigen und weitläufigen Begriffs der Spiritualität sei zu Beginn der Ausführungen zugrunde gelegt, die den Ansatz des Instituts für Spiritualität in Münster wiedergibt und wie folgt lautet: Spiritualität ist die fortwährende Umformung eines Menschen, der antwortet auf den Anruf Gottes – mit einem Wort kann man auch sagen, dass Spiritualität Weggeschehen ist: zeit meines Lebens bin ich nicht fertig, sondern im Werden; zeit meines Lebens geschieht an mir etwas, ich erleide Schicksalsschläge oder erlebe Glücksmomente, die mich verändern, die meinem Leben und meinem Antlitz neue Facetten, ja vielleicht sogar eine ganz neue Spur oder auch Richtung verleihen können; zeit meines Lebens muss ich mich aber auch aktiv um mein Leben bemühen, Formen finden, die meinem Leben und den Quellen, aus denen heraus ich lebe, Ausdruck verleihen oder sie sogar nähren – für den Christen ist dies die Beziehung zu Gott; eine Beziehung, die Gott gestiftet hat, indem er mich ins Leben gerufen hat, indem er mich so geschaffen hat, wie ich bin, mit meinem Auftrag und meiner Sendung dort, wo ich lebe und bin. Mein Leben und die Formen, die ich gefunden habe, sind dann Ausdruck einer lebenslangen Antwort auf den Anruf Gottes, der sich aktualisiert in den Menschen, die mir begegnen, in den Geschöpfen und der Schöpfung, die mir begegnen – insofern werde ich fortwährend umgeformt, wenn ich mich auf diesen Anruf Gottes in meinem Leben einlasse. Auf meinem Lebensweg muss ich immer wieder umkehren und mich zu dem hinkehren, was meinem Leben Beständigkeit und Halt verleiht, zur Quelle meines Lebens.

Somit ist Spiritualität Weggeschehen – und die grundsätzlichen Komponenten dieses Geschehens (es ist nicht etwas Statisches) sollen in diesem Buch zu Worte kommen: Was meint das Bild vom Weg in meinem Leben und in der Tradition? Wie mache ich Erfahrungen, wie kann ich den Anruf Gottes vernehmen und was macht eine geistliche Erfahrung aus? Was ist eigentlich geistliches Leben? Welche Formen habe ich, in meinem Leben meinen Alltag zu gestalten oder auch meinem Scheitern, das mich immer wieder trifft, zu begegnen? Schließlich: Welche kreativen Umsetzungsformen gibt es, in der Literatur, der Musik und der Kunst?

Dabei sollen Gestalten unserer Tradition zu Worte kommen, die konkretisieren und – mehr als es theoretische Worte je könnten – zeigen, dass christliche Spiritualität gelebtes Leben aus dem Glauben bedeutet, dass geistliches Leben das ganze Leben meint, dass jeder Christ ein geistlich Lebender ist und die historisch gewachsene Trennung von

Geistlichen und Laien so nicht mehr tragbar ist. Mithilfe der Gestalten der Bibel und der christlichen Spiritualitätsgeschichte kann der Einzelne heute seinen Weg finden und gestalten, von ihnen Impulse bekommen und einen neuen Weg einschlagen. Jeder ist ein Geistlicher, eine Geistliche. Ein jeder steht in der Gnade der Taufe und versucht auf seine Art und Weise, den Weg des Glaubens im Gebet, in Wort und Tat zu gehen.

Spiritualität ist geistliches Leben, und geistliches Leben wiederum umfasst das ganze Leben; in Anlehnung an Karl Rahner lässt sich sagen, dass der Christ geistlich lebt, oder er ist kein Christ.

Spiritualität ist Theologie auf dem Weg, die das Leben als ein geistliches interpretiert und lesen hilft.

Zum Schluss der Ausführungen sollen Gestalten zur Sprache kommen, die randständig sind und nicht zum Kern des Glaubens gehören, die aber deutlich machen, dass christliche Spiritualität ein Weggeschehen ist: die Engel. Auch sie sind in Mode, sind immer wieder in Mode gekommen und begleiten die Religions- und Spiritualitätsgeschichte. Auch sie helfen in vielen verschiedenen Formen und Interpretationsweisen, das Leben als einen Weg zu begreifen, vor allem als einen Weg, auf dem Gott immer wieder seinem Volk und jedem Einzelnen nahe sein will und sich in vielen verschiedenen sehr alltäglichen Spuren finden lassen kann und will.

1. Der Weg als Symbol

„Wagemut ist die Tugend des Beweglichen."
(H. J. Schneider)

Das Symbol des Weges ist ein uraltes Symbol, das dem Menschen und seinem Leben entspricht. Das ganze Leben ist wie ein Weg. Es ist nicht abgeschlossen. Der Mensch unterliegt Prozessen, Veränderungen und Geschehnissen, die er nicht selbst im Griff hat. Er ist dem Schicksal unterlegen.
Schritt für Schritt geht ein jeder seinen eigenen Weg; einmal ist es eine gerade Strecke mit interessanter Aussicht, ein andermal ist es kurvenreich, und man kann nicht absehen, was für Überraschungen nach der nächsten Kurve warten. Es gibt steile und ebene Wege, es gibt Mühen und Anstrengungen, Entscheidungen an Wegkreuzungen. Es gibt Partner, die eine Etappe, mehrere Etappen oder gar den gesamten Weg mitgehen. Es gibt Erinnerungen und Erfahrungen, die klug machen und eine Strecke dosiert, in Etappen mit Vorbereitung oder auch spontan gehen lassen. Und schließlich ist das Leben ein ständiger Weg, dessen Ziel im Ungewissen liegt: im Tod – die letzte Etappe geht der Mensch nicht, er wird gegangen, das Ziel liegt im Dunkeln und jenseits der Erfahrung im Hier und Jetzt. Und es liegt sicherlich auch an der Vorbereitung und der bislang zurückgelegten Wegstrecke, wie die letzte Etappe aussieht und wie der Mensch sie erfährt und erlebt.

Sprachlich gesehen haben zum einen Weg und Wagnis die gleiche etymologische Bedeutung, so dass im Weg immer auch ein Wagnis liegt; im Gehen eines Weges liegt etwas Risikoreiches, etwas Wagemutiges: Ist der Weg wirklich so beschaffen, wie es die Karte anzeigt? Werde ich auf dem richtigen Weg bleiben? Wähle ich an der Kreuzung die rechte Richtung? Was oder wer wird mir auf dem Weg begegnen? Allein der Beginn eines Weges zeigt den Wagnischarakter, denn einen Weg gehen bedeutet, sich aufzumachen, aufzubrechen, womöglich Gewohntes mit Ungewissem einzutauschen. „Deshalb ist Wagemut die Tugend des Beweglichen." (Schneider, Weg, 172) Eine zweite etymologische Bedeutung des Wortes Weg hat mit Sinn zu tun – ein Weg ist ein Weg der Sinnsuche, die der Mensch immer wieder von neuem angehen muss. Sinnsuche hat den Charakter des Weges und des Unterwegsseins. Vor allem kann sich der vielleicht einmal gefundene Sinn wieder entziehen – und der Mensch muss sich erneut auf den manchmal beschwerlichen Weg der Sinnfindung für das eigene Leben machen: ein mutiger und zugleich riskanter Weg.

Bereits mit der Geburt beginnt das Leben als Weg. Der Mensch beginnt sich zurechtzufinden. Er muss seinen Bezug zu der Wirklichkeit und den Personen um sich herum entwickeln. Er beginnt sich körperlich zu bewegen, wird bewegt, erlebt Momente und Geschehnisse, die ihn für sein weiteres Leben prägen, bewegen und die ihm Antriebsmotor sind. Im Laufe seines Lebens erfährt der Mensch dann, dass er nicht nur körperlich, sondern auch geistig bewegt wird und selbst bewegen kann, dass Ortswechsel geistig mobil machen, dass körperliches Gehen mit der geistigen Beweglichkeit einhergeht. Der Mensch benötigt Bewegungsfreiheit. In dieser Freiheit ist es wichtig, den rechten Weg zu finden zwischen einer Mobilität, die nicht mehr zur Ruhe kommen lässt, und einem Stillstand, der tödlich ist. Dabei ist der Weg, auch wenn es selbstverständlich zu sein scheint, immer individuell. Gemachte Erfahrungen, erlebte Wegabschnitte werden je eigen interpretiert und gesehen. Jeder einzelne Lebensweg hat seine je eigene Logik. Irrwege und Abwege werden nicht immer gleich interpretiert. Was sich für den einen als Irrweg darstellt, das kann für den anderen der rechte oder notwendige Weg sein.

Des Menschen Leben ist ein Weg, ein ständiges Unterwegssein, mit Zielen, mit Irr- und Umwegen, mit klarer Wegführung und trübem Wetter, mit Wegzeichen und manchmal mangelnder Orientierung. Voraussetzung für ein gelungenes und tragendes Gehen eines Weges ist das gute Stehen. Denn steht der Mensch nicht gut, kann er sich auch nicht gut und leicht fortbewegen. Von einem Standpunkt und einem sicheren Stand aus lässt es sich besser gehen; auf einem Wege immer wieder zu verweilen und sicher zu stehen, lässt den Weg besser gehen.

Ein uraltes Symbol in diesem Zusammenhang ist das Labyrinth. Es ist ein Symbol, das in fast allen Religionen der Welt seine Bedeutung gefunden hat. Es ist ein Bild von Umweg, von Verwirrung und von Mitte zugleich. Von allen Labyrinthformen ist das siebengängige Labyrinth das klassische und auch älteste, ursprünglich wohl eine Form zu kultischer Bewegung und Tanz. Um ein Labyrinth zu begreifen, muss man es begehen. In die Böden so mancher mittelalterlichen Kathedralen sind Labyrinthe eingezeichnet: Symbol der mühsamen Erkenntnis Gottes, der Geheimnishaftigkeit des Weges, aber auch der Einfachheit und zugleich immensen Schwierigkeit, an das Ziel zu gelangen: die Mitte. Ein Labyrinth bringt all die ‚Irrungen und Wirrungen' christlichen, ja menschlichen Lebens überhaupt bildlich ausgezeichnet zum Ausdruck: Mühseligkeit, Freude und Spaß, Pausen und Irrwege, Abwege und Krümmungen ... all das gehört dazu, bis man ans Ziel des Lebensweges gelangt.

So nimmt es nicht wunder, dass das Wegmotiv innerhalb der Religionsgeschichte der Menschheit überaus große Beachtung findet. In der hellenistischen Tradition war der dreifache Weg maßgebend, mit dem Ziel, sich von den Leidenschaften und der materiellen Welt loszulösen (Reinigung, Erleuchtung und Vereinigung oder auch via purgativa, illuminativa und unitiva, was in der christlichen Tradition später aufgenommen und z.B. von Bonaventura entfaltet und gedeutet wurde). Der Buddhismus gestaltet sich in Form dreier Wege, dem hinayana (kleiner Weg), mahayana (großer Weg) und dem vajrayana (Weg der Mantras). Und innerhalb des Buddhismus bedeutet z.B. die Zen-Meditation nicht allein das Meditieren im Lotussitz oder das Meditieren in einer bestimmten Form, sondern auch die Umschreibung einer Lebensweise: innerlich in Bewegung und präsent sein.

Auch im Tao und im Islam ist das Bild des Weges ein gängiges und wichtiges Motiv.

Die Erzählung „Der Aufbruch" von Franz Kafka zeigt in eindrücklicher Weise, wie sehr das Leben und damit auch geistliches Leben eine lange Reise und ein Weggeschehen darstellen, das gestaltet sein will; es ist ein riskantes und wagemutiges Weggeschehen, es ist ein Aufbrechen und Loslassen, zugleich aber auch ein Weg aus einer Sehnsuchtsbewegung heraus auf ein Ziel hin.

Ich befahl, mein Pferd aus dem Stall zu holen. Der Diener verstand mich nicht. Ich ging selbst in den Stall, sattelte mein Pferd und bestieg es. In der Ferne hörte ich eine Trompete blasen, ich fragte ihn, was das bedeutete. Er wusste nichts und hatte nichts gehört. Beim Tore hielt er mich auf und fragte: ‚Wohin reitest du, Herr?' ‚Ich weiß es nicht', sagte ich, ‚nur weg von hier, nur weg von hier. Immerfort weg von hier, nur so kann ich mein Ziel erreichen.' ‚Du kennst also dein Ziel?' fragte er. ‚Ja', antwortete ich, ‚ich sagte es doch: ‚Weg-von-hier', das ist mein Ziel.' ‚Du hast keinen Essvorrat mit', sagte er. ‚Ich brauche keinen', sagte ich, ‚die Reise ist so lang, dass ich verhungern muss, wenn ich auf dem Weg nichts bekomme. Kein Essvorrat kann mich retten. Es ist ja zum Glück eine wahrhaft ungeheure Reise.

Das Leben ist eine wahrhaft ungeheure Reise. Es ist ein unermüdlicher Weg, auf dem sich der Mensch fortbewegt oder bewegt wird. Auf der Stelle treten bedeutet, zu stagnieren, zu verkümmern und die Chancen zu verpassen, die das Leben und der Weg bieten: ‚weg von hier'.

2. Das Wegmotiv in der Heiligen Schrift

„Du bist vertraut mit all meinen Wegen."

(Psalm 139,3)

Das Wegmotiv ist dem geistlichen Leben zutiefst zu eigen, denn was ist geistliches Leben anderes als ein Weg, den der Mensch beschreitet, ein Weg der Sehnsucht hin zu Gott. So wie das Leben ein Weg ist, so ist es auch und insbesondere das geistliche Leben. Ein Blick in die Bibel, die Quelle und das Lebenselexier des Christen, bestätigt diese Aussage.

Es zeigt sich, dass das Unterwegssein und das Wandern Dimensionen in der Bibel darstellen, ohne die die Bibel arm und aussagelos wäre. Alle großen Gestalten des *Ersten Testaments* sind auf dem Wege: Noach macht sich auf den Weg, baut die Arche, geht den Geschöpfen und den Menschen entgegen, rettet die Welt, indem er sich aufmacht (Gen 6–10). Abraham macht sich auf, zieht aus seinem Vaterland aufgrund der Zusage Gottes aus; er macht sich auf den Weg in das Unbekannte, der Verheißung entgegen (Gen 12–25). Mose macht sich auf, das ganze Volk im Schlepptau; er geht den Weg durch die Wüste, wird immer wieder von Gott errettet und sieht schließlich das verheißene Land (Buch Exodus). Die Propheten machen sich immer wieder auf den Weg zum Volk Israel, um es aus seiner Verstocktheit zu locken und zu befreien. Es gibt jedoch auch

Propheten wie Jona, die sich auf den Weg machen, um vor Gott und vor der Aufgabe, der sie sich nicht gewachsen fühlen, davonzulaufen.

Das Erste Testament ist voller Weggeschichten, die dem Menschen von heute zum Teil sehr nahe sind oder sein können. Der Weg der Menschen in der Bibel ist in vielem der Weg der Menschen heute, da das gelebte Leben der biblischen Gestalten viele Ähnlichkeiten zu dem Leben eines jeden Menschen, gerade auch heute, aufweist.

Auch das *Neue Testament* bringt in den Evangelien viele Weggeschichten, ja es ist selbst eine Weggeschichte, nämlich die des Menschensohnes in den drei Jahren seines öffentlichen Wirkens bis zum Tod am Kreuz und seiner Auferstehung. Jesus geht seinen Weg wie jeder andere Mensch auch, mit Höhen und Tiefen, mit Erfahrungen und Erlebnissen in seiner Kindheit, die ihn tief prägen. Sein Weg ist ein Weg mit Gott, ganz in der Tradition des israelitischen Volkes, mit Wallfahrten nach Jerusalem. Die Jünger gehen mit ihm, folgen ihm und machen sich auf in eine unbekannte Zukunft. Jesus zieht mit ihnen umher, geht und verkündet die Botschaft vom Reich Gottes. Zentral steht dabei die Aufforderung umzukehren, da das Reich Gottes nahe ist. Hier ist schon das Bild vom Weg in der Verkündigung Jesu zugrunde gelegt. Auf seinem bisherigen Weg soll der Gläubige umkehren, eine Wende vollziehen und sich auf die Botschaft und das angebrochene Reich Gottes einlassen (vgl. Mk 1,15). Schließlich bezeichnet Jesus sich selbst als den Weg, die Wahrheit und das Leben (Joh 14,6). Wer ihm folgt, wer sich mit ihm auf den Weg macht, der hat das ewige Leben (Mt 10,39; Joh 8,12).

Christliche Existenz, christlich leben bedeutet nichts anderes, als mit Christus auf dem Wege zu sein, als sich auf den Weg zu machen und ihm in den Menschen zu begegnen. Dabei gilt es, die Dimension des Kreuzes nicht aus dem Blick zu verlieren. Der Christ ist aufgefordert, wie Jesus das Kreuz anzunehmen und es zu tragen (Mt 16,24): sein eigenes Kreuz, die Lasten des Lebens, die dunklen Momente nicht zu fliehen – denn den Weg der Nachfolge gehen bedeutet auch, Anstrengung und Mühe auf sich zu nehmen. Das Leben des Christen beinhaltet – wie das Leben und der Weg Jesu – die Erfahrungen von Karfreitag und Ostern.

An Jesu Weg wird ersichtlich, dass der Weg des Glaubenden ein Weg in und mit der Gemeinschaft ist, so wie auch das Volk Israel einen gemeinsamen Weg mit seinem Gott gegangen ist. Als Glaubende sind die Jünger vor allem nach dem Tode Jesu als das pilgernde Volk Gottes unterwegs, das wie das Volk Israel auf die Hilfe und das Mitgehen Gottes vertrauen darf. Gott geht den Weg seiner Kirche mit.

Vor allem Lukas kann man als den Evangelisten des Weges bezeichnen. Der Geburt Jesu geht eine Weggeschichte voraus: Maria geht zu Elisabet; sie macht sich auf wie der Engel zuvor zu ihr. Die Geburt selbst findet in einer Krippe statt, nachdem Josef und Maria sich zur Volkszählung auf den Weg gemacht hatten. Beide fliehen mit dem neugeborenen Kind nach Ägypten, nachdem sich Hirten und drei Weise aus dem Morgenland zu ihnen auf den Weg gemacht hatten. Maria selbst ist eine typische Weggestalt, die in der Geschichte aufgrund ihrer einzigartigen Rolle im Heilsgeschehen, aber auch aufgrund ihrer Menschlichkeit und ihres ‚Auf-dem-Wege-Sein' immer wieder eine besondere Verehrung erfahren hat. Der Weg Marias ist der Weg des Glaubens hin zum ‚Fiat', zum ‚Es geschehe', das der Gläubige Gott gegenüber spricht (vgl. Lk 1,39–56). Sicherlich ist dies ein entscheidender Grund dafür, dass Maria, die Mutter Jesu, eine derartige Beliebtheit in der Verehrung innerhalb der christlichen Spiritualitätsgeschichte gefunden hat und sich viele Wallfahrtsorte aufgrund von Begegnungen mit ihr entwickelt haben.

Jesus erzählt immer wieder Geschichten und Gleichnisse, die Weggeschichten sind, die das Leben heute noch ähnlich schreiben könnte: der barmherzige Samariter (Lk 10,25–37), der verlorene Sohn (Lk 15,11–32). Diese Erzählungen und Weggeschichten des Alten und Neuen Testaments provozieren eine Stellungnahme des Lesers zu den dargelegten Erfahrungen und Etappen. Sie sind Erzählungen, die Bewegung beinhalten, die aber ebenso Bewegung provozieren. So ist die Sesshaftigkeit das negative Stigma eines Weges, den es zu gehen, nicht abzusitzen gilt. Leben heißt voranschreiten und vorwärts gehen – das zeigen und bewirken die biblischen Wegerzählungen. Nicht umsonst ist es genau die Sesshaftigkeit, das Ausruhen und Verharren in Trägheit, Konventionen oder Sünde, was die Propheten des Alten Testamentes immer wieder be- und anklagen. Auch der blinde Bettler Bartimäus muss sich aus der hockenden Position am Wegesrand befreien und aufspringen, um geheilt zu werden (Mk 10,46–52).

Eine Theologie des Weges

Dabei sind es nicht nur die Gestalten oder die Weggeschichten, die eine Theologie des Weges bzw. eine Grundlegung einer Theologie der Spiritualität mit dem Motiv des Weges geeignet erscheinen lassen, es ist auch die Theologie des Weges generell, die sich in den beiden Testamenten finden lässt. Gehen und Weg sind Worte, die gezielt und immer wieder benutzt werden. So werden Haltungen beschrieben, in denen sich der Fromme ergehen soll: Wandeln im Gesetz des Herrn (Ex 16,4), auf dem Weg des Herrn gilt es zu gehen (Dtn 8,6); es gibt die zwei Wege (Ps 8); vor Gott in Demut wandeln ist das Entscheidende (Mi 6,8), dann erweist Gott sich als einer, der mitgeht, als Jahwe, als der „Ich-bin-da" (Ex 3,14), als der, der Israel begleitet: Mit ganzem Herzen ist der Mensch deshalb aufgefordert, vor Gott zu wandeln (1 Kön 8,23), sprich in seiner Gegenwart zu leben.

Gott geht mit und befreit, er tritt wirkmächtig auf: „Wenn du durchs Wasser schreitest, bin ich bei dir, wenn durch Ströme, dann reißen sie dich nicht fort. Wenn du durchs Feuer gehst, wirst du nicht versengt, keine Flamme wird dich verbrennen!" (Jes 43,2) Gott erst schafft dem Einzelnen und dem ganzen Volk die notwendige Bewegungsfreiheit zum Leben. Gott ist der Hirte, der den Menschen weiden lässt, nichts wird ihm fehlen (Ps 22). Gott weiß um das, was der Mensch auf seinem Weg braucht: „Ob ich gehe oder ruhe, es ist dir bekannt; du bist vertraut mit all meinen Wegen." (Ps 139,3)

Höhepunkte neutestamentlicher Wegtheologie stellen das Johannesevangelium und der Hebräerbrief mit seinen Ausführungen zum wandernden Gottesvolk dar: Jesus stellt sich als der Weg, die Wahrheit und das Leben dar (vgl. Joh 6,67f.). Dabei greift Johannes mit den ‚Ich-bin-Worten' sehr bewusst die ‚Ich-bin-Formel' aus Ex 3,14 auf: Jesus ist von Gott, mit ihm verbunden, von daher der legitime und einzige Weg, um zum Vater zu gelangen. „Es gibt nur ihn; wer ihn ‚hat', ihn ‚zur Methode hat', muss den Weg – der ja sein eigener Weg werden soll – und muss den Sinn seines Weges nicht mehr suchen: Er hat beides geschenkt bekommen." (Schneider, Weg, 174) Es ist ein schmaler Weg. Es ist der Weg, sich für Jesus zu entscheiden; er ist für den Christen der einzige Weg.

So machen die biblischen Erzählungen, die Psalmen und der Weg Jesu deutlich, dass geistliches Leben Weg bedeutet, dass der Gläubige einen Weg mit seinem Gott geht, dass aber ebenso Gott derjenige ist, der sich zum Menschen hin auf den Weg macht. Nicht nur der Mensch lebt somit in der Bewegung, sondern auch Gott, der immer wieder eingreift, sich bemerkbar macht und spricht – in den verschiedensten Dingen und Situationen des Lebens. Er ist Begleiter, nicht der unbewegte Beweger. Davon zeugt sein Handeln in der Geschichte des Volkes Israel. Davon zeugt sein Handeln in seinem Sohn Jesus Christus. Davon zeugt die Geschichte der Kirche, die trotz allen Trubels und aller Dunkelheit seit 2000 Jahren lebt und Gottes Güte und Begleitung erfährt.

Es gibt eine ungeheure Vielfalt der Wegworte und -erzählungen in der Bibel – und letztlich läuft alles darauf hinaus, dass Gott mit dem Menschen ist, dass er den Menschen ruft und ihn fordert, dass er ihn stützt und trägt.

So wird es in der Präfation eines der Schweizer Hochgebete der Eucharistiefeier sehr schön und zusammenfassend wie folgt ausgedrückt: „Wir danken dir, Gott unser Vater, denn du hast uns ins Leben gerufen. Du lässt uns nie allein auf unserem Weg. Immer bist du für uns da. Einst hast du Israel, dein Volk, durch die weglose Wüste geführt. Heute begleitest du die Kirche in der Kraft deines Geistes. Dein Sohn bahnt uns den Weg durch diese Zeit zur Freude des ewigen Lebens."

3. Das Wegmotiv in der Tradition

> *„Wenn die Rätsel einander drängten und kein Ausweg sich bot, half der Feldweg."*
> (M. Heidegger)

Das Bild des Weges wird in der Tradition der christlichen Spiritualität immer wieder genannt, wenn es um die Beziehung des Menschen zu Gott und um den konkreten Ausdruck dieser Beziehung geht. Der Mensch ist ein ‚homo viator', einer, der auf dem Wege ist. Der Christ ist ein Mensch, der auf dem Wege ist, um Gott zu begegnen und ihn unterwegs zu verkünden. Die Bilder für den Weg in der geistlichen Tradition sind dabei variabel: mal ist es der Weg mit verschiedenen Etappen, mal ist es der Aufstieg, der Abstieg oder das Bild einer Treppe, mal ist es das Bild einer Spirale. Glauben bedeutet ein ständiges ‚Sich-auf-den-Weg-Machen'.

Schon in der Philosophiegeschichte taucht das Motiv des Weges auf. Die Philosophen der Schule der Peripatetiker z.B. zeichneten sich dadurch aus, dass sie ihre Philosophie und ihre Gespräche im Wandeln, im Gehen (entsprechend der griechischen Wortbedeutung) absolvierten. Doch nicht nur in der antiken Philosophiegeschichte war das Gehen ein Modus des Denkens.

Auch heute ist das Gehen oftmals ein geeignetes Mittel, um Probleme zu lösen, um sich frei zu reden, um in die Bewegung der Beine einzuschwingen, so dass sich die Zunge leichter lösen kann. So manch einer lernt beim Gehen, lernt auswendig im Gehen oder erzählt sich etwas, erarbeitet sich gehend eine Materie. In einer eindrucksvollen Erzählung mit dem Titel ‚Der Feldweg' spricht der Philosoph Heidegger davon: „Vom Feldkreuz her biegt er auf den Wald zu. An dessen Saum vorbei grüßt er eine hohe Eiche, unter der eine roh gezimmerte Bank steht. Darauf lag bisweilen die eine oder die andere Schrift der großen Denker, die eine junge Unbeholfenheit zu entziffern versuchte. Wenn die Rätsel einander drängten und kein Ausweg sich bot, half der Feldweg. Denn er geleitet den Fuß auf wendigem Pfad still durch die Weite des kargen Landes. Immer wieder geht zuweilen das Denken in den gleichen Schriften oder bei eigenen Versuchen auf dem Pfad, den der Feldweg durch die Flur zieht. Dieser bleibt dem Schritt des Denkenden so nahe wie dem Schritt des Landmannes, der in der Morgenfrühe zum Mähen geht." (Heidegger, 11) Der Feldweg wird für Heidegger zur entscheidenden Instanz, Gott und den Dingen der Welt zu begegnen. Nur wer die Weisheit des Feldweges hört, ist für das Leben und seinen Zuspruch gerüstet.

Den verschiedenen Modellen, die sich im Laufe der Jahrhunderte mit dem geistlichen Leben beschäftigt haben, liegt das Bild des Weges zugrunde; ob es das geistliche Leben als das Leben im Heiligen Geist ist, ob es das geistliche Leben mit dem Ziel der Vereinigung in Gott ist oder auch das Leben in der Christusnachfolge. Immer geht der Mensch seinen Weg vor und mit Gott und auf Gott hin. In der Tradition steht dafür das lateinische Wort ‚advertere' – ‚hinwenden'. ‚Sich Gottes vergegenwärtigen' ist eine andere Umschreibung für die Hinwendung zu Gott und dafür, dass der Mensch sein ganzes Leben vor und mit und auf Gott zu geht.

> Fragen zur persönlichen Reflexion
> • Was sagt mir das Bild vom Weg?
> • Welche Etappen gab es auf meinem geistlichen Lebensweg?
> • Was ist mir besonders wichtig – auf welcher Etappe befinde ich mich jetzt?

I. ERFAHRUNGEN AUF DEM WEGE MACHEN

Das Verlangen nach Unmittelbarkeit und Erfahrung ist etwas, was den Menschen schon immer auszeichnet. Wer erfahren ist, der gilt etwas, der kann mitreden und hat am eigenen Leibe erfahren und gespürt, worüber er spricht. Er hat Autorität.

Hunger nach Erfahrungen

In einer Zeit, in der die Medien die Öffentlichkeit bestimmen, und in einer Zeit, die vom Wort, vor allem aber vom Bild geprägt ist, macht sich eine Müdigkeit breit, die sich in der Forderung nach Unmittelbarkeit und Erfahrung insbesondere ihren Weg bahnt. In einem Arbeitsprozess, der nur an Leistung und Effizienz orientiert ist, sehnen sich heute viele nach der Erfahrung, angenommen zu sein und etwas zu gelten, kein kleines Rädchen in einem Getriebe zu sein, das man ohnehin nicht beeinflussen kann. In einer Gesellschaft, in der alles immer schneller geht, in der Individualität und das Gesetz des Stärkeren gelten, sehnen sich viele nach Erlebnissen und Erfahrungen, in denen der Mensch sich erfahren kann und einfach sein darf, wie er ist. In einer Gesellschaft, die am Konsum und am Machbaren orientiert ist, sehnen sich viele danach, das, was ihnen in Werbung und über die Medien vermittelt wird, auch wirklich zu erleben und zu haben. Man kann sicherlich davon sprechen, dass gerade heute der Hang zur Erlebnis- und Erfahrungsorientierung so stark ist wie kaum zuvor in der Geschichte der Menschheit. Um mit einem Soziologen unserer Tage zu sprechen: „Wir leben heute in einer Erlebnisgesellschaft." [1]

Das hat Auswirkungen auf das religiöse Verhalten. Auch hier zählen Erlebnis und Erfahrung. Nicht von ungefähr ist die

Zahl der Sekten, der sektiererischen Gruppierungen und der Meditationskreise unterschiedlichster Art zur Zeit so unübersichtlich und groß. Es geht um Erfahrung des Nichtgreifbaren, dessen, was dem Leben einen Sinn und ein Ziel gibt. Es geht um Erfahrung von Gemeinschaft und um Erfahrung des Göttlichen. Dabei wird vor allem den großen Kirchen ein Erfahrungsdefizit vorgeworfen. Das Schlüsselwort der so genannten ‚Neuen Religiosität' heißt Erfahrung. Jedoch werden oft die Begriffe von Erfahrung und Erlebnis synonym gebraucht, was so ohne weiteres nicht geht, wie noch zu sehen sein wird. Es geht vielfach um die Unmittelbarkeit innerer Erfahrungen, heraus aus den unüberschaubar gewordenen Weltverhältnissen und unabhängig von den großen Kirchen mit ihren geschichtlichen Altlasten und dem großen institutionellen Ballast. Hier ist auch der Ruf ‚Christus ja, Kirche nein' einzuordnen. In der Großkirche mit ihren ritualisierten Gottesdiensten sind unmittelbare Erfahrungen für viele nicht mehr zu machen.

Ein nicht unmaßgeblicher Grund für die Abkehr von den Kirchen und die Hinwendung zu verschiedensten sektiererischen Gruppierungen mag dabei das Moment der Leiblichkeit spielen. Wo ist der Raum für ganzheitliche Erfahrungen in den Kirchen? Was wird dort noch erfahren: Ein Gottesdienst, der nicht mehr den Einzelnen trifft, ritualisierte Sprache, schlechte Predigten, ritualisierte Symbole, die für viele heute nichts mehr ausdrücken, schlimmer noch die Abschaffung vieler sprechender Symbole und ein ‚verworteter' Gottesdienst. Viele spüren eine Spaltung zwischen der Welt und den Erfahrungen in den Gottesdiensten, die so nicht annehmbar ist: „Die Erfahrung der All-Einheit, der Verbundenheit des Einzelnen mit der ganzen lebenden Welt, bildet das Grundelement der Neuen Religiosität. Jetzt heißt es nicht mehr: Ich bin hier drinnen, und die übrige Welt ist dort draußen, sondern: Ich und die übrige Welt sind drinnen und draußen und darum eins." (Zahrnt, Gotteswende, 47f) In der Kirche erleben viele dieses Gefühl nicht. Die Welt hält vor den Toren der Kirchen und erhält keinen Einlass.

Herausforderung für die Kirchen

Zunächst ist diese Entwicklung in der westlichen Hemisphäre ein Grund, sich positiv von seiten der Kirchen herausgefordert zu fühlen und die eigene Tiefe und den Reichtum der spirituellen Tradition zu entdecken, um dabei festzustellen, dass hier ein überaus reicher Schatz verborgen liegt, den es zu bergen gilt. Zugleich wird man auf der Suche nach Hilfen in der Tradition immer wieder auf gravierende und zu betonende Unterschiede zur Esoterik stoßen, wodurch die Forderung nach Ganzheitlichkeit und Erfahrung eine notwendige Relativierung im Vergleich zu dem großen Bereich der Esoterik und der ‚Neuen Religiosität' erhält. Zur Klärung und zur Reflexion von Erlebnissen und Erfahrung gehören im christlichen Glauben zwangsläufig auch Verstand und Überlegung dazu. Jegliche Dimension menschlicher Erfahrung ist in der christlich-religiösen Erfahrung angesprochen – auch der gesamte Bereich der sozial-caritativen und der politischen Dimension, im Unterschied zur Esoterik, in der Verstand sowie sozial-caritative Tätigkeiten und politische Aktivität keine oder nur eine sehr geringe Rolle spielen.

Nachfolge – der Weg des Christen

Der geistliche Weg im Christentum sieht anders aus, als es der breite Strom der Neuen Religiosität verheißt. Diese scheint wie ein religiöser Flickenteppich zu sein, ein großer Steinbruch, aus dem der Einzelne sich je nach gewünschter Erfahrung bedienen kann; eine Bewegung, die vielfach sozusagen eine ‚Instant-Erfahrung' verheißt, in welcher jedoch ein persönlicher Gott keine Rolle spielt, so dass man heute sinngemäß mit Metz für viele Menschen sagen kann: Religion ja, Gott nein. Es ist eine große Sehnsuchtsbewegung, die sich zumeist im Unpersönlichen und Unverbindlichen verflüchtigt, die Religion und das unbändige und unausrottbare religiöse Bedürfnis des Menschen zwar ernst zu nehmen scheint, sich jedoch auf Dauer als nicht tragbar erweist. Das Göttliche ist nicht mehr als die Totalität des Kosmos, als Symbol der Alleinheit, die es zu erstreben gilt. Der Eindruck drängt sich nachhaltig auf, dass es sich in all diesen Erfahrungen um eine Flucht vor Leid, Schmerz und Tod, um eine Flucht vor der ernüchternden Realität der Wirklichkeit handelt. In den vielen Gruppierungen und Bewegungen geht es immer wieder, vor allem auch auf dem diffusen esoterischen Markt, um Lebensbewältigung und Lebenshilfe: Rezepte für Lebensglück und Erfolg, für die Bewältigung des Schicksals. Dabei beziehen sich viele Gruppierungen auf Verheißungen, ob biblisch oder außerbiblisch, ob über Medien und Offenbarungen, ob über Kontakt mit den Toten – und es werden Formen gesucht, diese einzuüben, um die neue Welt vorwegzunehmen, um aus der alten Welt für Momente auszusteigen, aufzutanken und in der alten Welt von neuem bestehen zu können. Die religiöse Ursehnsucht im Menschen bahnt sich ihren Weg und fordert ihren Tribut.

Doch darum darf und kann es in der Nachfolge Christi auf dem geistlichen Weg nicht gehen.

Der Ruf nach Erfahrung ist nicht zu überhören. Dem haben sich auch die christliche Spiritualität und die Kirchen zu stellen. Doch was ist nun Erlebnis, Erfahrung und im speziellen die christliche Gotteserfahrung auf dem Lebensweg als geistlichem Weg des Menschen?

1. Erfahren und Erleben

"Erfahrung ist immer ein Lebensvorgang und Leben ein Erfahrungsprozess."
(H. J. Pottmeyer)

Des Menschen Weg ist ein Weg voller Erlebnisse und Erfahrungen. Ohne diese kommt der Mensch auf seinem Weg nicht voran, ohne sie ist er nicht, was er ist. Erfahrungen gehören zum Menschen. Nicht von ungefähr sprechen viele Kulturen seit jeher Menschen mit viel Erfahrung Weisheit zu, eine Lebensweisheit, die sich der Mensch nicht anlesen kann.

Sprachliche Bedeutung

Will man bestimmen, was Erfahrung ausmacht und wie dieser Begriff und die damit gemeinte Wirklichkeitsbegegnung bestimmt werden kann, dann stößt man schon bald auf Schwierigkeiten, denn der Erfahrungsbegriff ist mehrdeutig.

Vom Etymologischen her gesehen besitzt das Wort ‚erfahren' indogermanische Wurzeln. Die germanischen und romanischen Bedeutungsnuancen von ‚erfahren' heißen: ‚reisend erkunden', ‚experimentell aneignen'. Das Wort ‚fahren' weist auf zweierlei hin: auf die Dimension der Bewegung, Dynamik, auf entdecken und sich auf den Weg machen; zum zweiten darauf, dass die Sache der Erfahrung jeweils immer mit einer menschlichen Person zusammenhängt und kein vom Menschen losgelöster Bereich sein kann. Nach der germanischen Version ist der Erfahrene immer auch der weit Gereiste; nach romanischer Version ist der Erfahrene der Experte, der durch Versuch und Probe am eigenen Leibe Dinge, Wahrheiten und Wissen gespürt und erkannt hat. Klug und erfahren ist, wer weitgereist ist, wer einen Weg gegangen ist und einen Lernprozess hinter sich hat. So gibt der Erfahrene also nicht einfach irgendetwas weiter, sondern das, was er selbst durchlebt hat. Erfahrung bedeutet in diesem Zusammenhang zwangsläufig somit keine Art von objektiver Mitteilung, sondern eine je subjektive Konfrontation mit der Wirklichkeit, die so ohne weiteres nicht auf andere übertragbar ist.

Jede Erfahrung ist absolut subjektgebunden, womit die oftmalige Verständnisschwierigkeit erklärt ist, die sich für viele Menschen ergibt, die andere an freudigen oder traurigen Erfahrungen teilnehmen lassen wollen. Wie schwer ist es, einem anderen zu erklären, dass man verliebt ist. Wie schwer war und ist es für viele Mystiker, ihre Gottesbegegnung und Gotteserfahrung mitzuteilen. Sie geraten ins Stottern, die Sprache versagt und verstummt.

Gleichzeitig jedoch basiert jede Erfahrung bei aller Subjektgebundenheit nicht nur auf persönlichen Erlebnissen, die nur der Betreffende gemacht hat; jede Erfahrung ist – in Grenzen und bei aller Schwierigkeit – vermittelbar, wenn auch nicht übertragbar. Auch Vermittlung durch Gemeinschaft und Gesellschaft sind für Erfahrungen notwendig. Wie sonst könnte je Tradition zustande kommen. So ist die Möglichkeit gegeben, dass der Mensch auch durch vermittelte Erfahrung lernen, sich mit ihr auseinandersetzen und auf seinem Weg in der Gemeinschaft der Menschen voranschreiten kann, indem er teilhat am Wissen und der Erfahrung der Gemeinschaft.

Wenn dem nicht so wäre, könnte der Einzelne nur in den Dingen handeln und reden, in welchen er erfahren ist, bzw. die er selbst erlebt und erfahren hat. Das würde wiederum bedeuten, die gesellschaftliche Dimension der Erfahrung auszuschließen.

Erfahrung bedeutet Erkenntnis
und Interpretation

Schaut man genauer auf den Prozess der Erfahrung, dann meint Erfahrung nicht einfach nur wissen oder lernen, es meint und bezeichnet jeweils eine gewisse Form der Erkenntnis. Zugleich bezeichnet Erfahrung auch die zur Verfügung stehende Summe von persönlich verarbeiteter Erkenntnis. Sie ist immer Erkenntnis auf einem Wege, die sich zu anderen Erkenntnissen und Erfahrungen gesellt und das Bild vom eigenen Weg bereichert, erweitert und den Horizont für weitere Erfahrungen öffnet. Erfahrungen sind die Meilensteine auf dem Weg des Menschen, und in der Tat ist es wichtig, dass der Mensch immer erfahrener wird, auf seinem je eigenen und nur von ihm zu gehenden Weg, so dass er sich auch nicht von den Erfahrungen anderer abhängig macht. Der Mensch wird nur des Weges geführt, den er wählt, nicht den andere wählen. Und der Mensch muss entscheiden, er muss wählen.

Erfahrung ist stets interpretierte Erfahrung. Dabei spielen die bisher auf dem Lebensweg gemachten Erfahrungen des Menschen eine entscheidende Rolle, denn „die Art, wie jemand Erfahrung macht, hängt von seiner Haltung, von seiner Einstellung ab; sie bestimmt die Art der je eigenen Interpretation des Erlebens". (Fraling, Geistliche, 18) Die Einstellung des Menschen hängt von seinen gemachten Erfahrungen ab. Hat ein Kind schon von Geburt an die Erfahrung gemacht, das die Mutter es ablehnt, dann wird es im Umgang mit anderen Menschen immer vorsichtig sein und anderen sehr misstrauisch begegnen. Wohlwollen und ehrliche Aufmerksamkeit können in einem Sinne interpretiert werden, wie sie nicht intendiert waren: als ‚der will etwas von mir und versucht sich einzuschmeicheln' oder wie auch immer.

So hat Erfahrung zweierlei Dimensionen: die Tatsache

oder das Ereignis, die Begegnung oder die Wirklichkeit, kurzum, dass es etwas zu erfahren gibt, sowie die Interpretation und Lebenseinstellung dessen, der die jeweilige Erfahrung macht, also der je eigene Lebensweg des Menschen mit der Summe seiner bisherigen Erfahrungen und gelernten Traditionen.

Erfahrung ist ein Begriff, der auf der einen Seite Sicherheit, Tradition voraussetzt und ausdrückt. Gleichzeitig aber hat er auch einen experimentellen Charakter, denn in vielen Dingen und Situationen beansprucht der Mensch jeweils die Erfahrung für sich selbst, nach dem Motto: Lass mich meine eigenen Erfahrungen machen.

Die Ausführungen bisher mögen so klingen, als sei ein sauberer Trennungsstrich zu ziehen zwischen der Erfahrung und der Reflexion, die die Erfahrung zur Erfahrung macht, doch so eindeutig geht das nicht. Es gibt keine vorrationale Erfahrung, auf die der Akt des Verstandes folgt. Es ist mehr ein gleichzeitiges Geschehen von Erfahrung und Reflexion.

Erlebnis kommt ‚vor' der Erfahrung

Wenn von Erfahrung die Rede ist, so ist in den bisherigen Ausführungen sicherlich deutlich geworden, dass es noch einen weiteren Begriff und eine damit verbundene Begegnung mit der Wirklichkeit zu klären gilt: den Begriff des Erlebnisses, der sich von der Erfahrung maßgeblich unterscheidet, was gerade heute in einer Welt mit dem oben geschilderten Hunger nach Erfahrung nicht deutlich zu sein scheint.

Bevor eine Begegnung mit der Wirklichkeit zur Erfahrung wird, ereignet sich das Erleben. Es ist die unmittelbare Begegnung mit einem Bereich der Wirklichkeit, der jemandem zukommt. Erfahrung ist die Reflexion dieses Prozesses. Je tiefer ein Erlebnis trifft, desto wichtiger wird die Erfahrung für den Menschen. „Erfahrung enthält demnach ein aktives Moment, während sich das Erlebnis mehr oder weniger ohne eigenes Zutun einstellt" (Langemeyer, Gotteserfahrung, 113).

Aus Erfahrungen wird man klug; sie können auch weitergegeben werden, jedoch nur bedingt, und je tragender eine Erfahrung ist, um so geheimnisvoller ist sie und um so weniger mitteilbar. Erlebnisse hingegen sind von ihrer Struktur her nicht im gleichen Maße mitteilbar. Man kann ein Erlebnis schildern; angesprochen werden dabei beim Hörer das Nachempfinden und die Empathie.

Der Erfahrung eignet mehr das Kognitive. Dem Erfahrenen eröffnet sich, wie die Dinge zusammenhängen. Das Erleben ist punktuell und manchmal irrational. Erlebnisse sind um so intensiver, je weniger sie dem Erlebenden die Freiheit lassen, eine eigene Stellung zu beziehen. Der Erlebende kann sich dem Ereignis nicht aus freiem Willen entziehen oder überlassen. Es verstört und verunsichert. Man kann vom Erleben hinweggerissen werden, ob im Raum der Liebe (,Liebe macht blind') oder in anderen Erlebnissen, die unmittelbar treffen und unmittelbar ihre Folgen zeitigen (,himmelhoch jauchzend, zu Tode betrübt'). Das Erlebnis kann durchaus einen abenteuerlichen Charakter haben.

Es gibt Erlebnisse, die nicht zur Erfahrung führen, aber keine Erfahrung kommt ohne Erlebnisse aus. „Erlebnis verhält sich zu Erfahrung in etwa wie ein Teil zum Ganzen. Erfahrung ist das Umfassendere. Löst man das Erleben aus der Erfahrung heraus und bestimmt es im Unterschied zu Erfahrung, so muss es folglich abgewertet erscheinen. In Wirklichkeit bedeutet eine Verkümmerung des Erlebens, der Erlebnisfähigkeit, immer auch eine Minderung der Erfahrungsmöglichkeit und damit ein Defizit an Lebenserfahrung und Lebensorientierung" (Langemeyer, Gotteserfahrung, 116). Angesichts des Erfahrungsbooms heute lässt sich hier die Frage stellen, ob nicht vieles, was unter dem Begriff der Erfahrung läuft, schlicht und ergreifend nicht mehr als ein unmittelbares Erleben ist. Insbesondere in der Esoterik ist Erfahrung wichtig, wird aber zugleich auch undifferenziert benutzt. Innere Erlebnisse und Erfahrungen werden als Erfahrungen des Göttlichen gedeutet, oftmals mit Hilfe der humanistischen Psychologie. Werden hier nicht Erlebnisse kultiviert, die sich nur auf der rein subjektiv-individuellen Ebene abspielen?

Erfahrung ist somit eine Erkenntnisweise, in der der Mensch Kontakt zu einer Sache selbst bekommt, sie erlebt und sie in ein Gesamt von Erfahrungen, die er auf seinem Lebensweg gemacht hat, einzuordnen versucht. Gilt dieses auch für die Gotteserfahrung?

2. Gott erfahren

„Gotteserfahrung realisiert den Transzendenzbezug in der konkreten Mannigfaltigkeit des menschlichen Lebens."
(B. Langemeyer)

Die Menschheitsgeschichte, so Johann Baptist Metz, ist immer schon Religionsgeschichte und damit immer schon Gebetsgeschichte. Der Mensch scheint in der Tat unheilbar religiös zu sein. Selbst heute in der Zeit nach der Aufklärung und der aufgeklärten Postmoderne stirbt Religion nicht, im Gegenteil, wie schon aus den obigen Ausführungen deutlich zu sehen ist. Die alten Götter kehren wieder.

Gotteserfahrung wird heute nicht nur belächelt, sondern auch vielfach ersehnt. Doch lässt sich Gott oder lassen sich die Götter erfahren? Was wird da erfahren?

Wenn man von Gotteserfahrung spricht, dann lässt sich von ihr wohl nur in Analogie und in Bildern sprechen. Gotteserfahrung kann man nicht machen. Es ist eine Erfahrung, die die ganze Existenz in ihrer Tiefe betrifft und die von außen auf den Menschen zukommt. Trifft auf die Gotteserfahrung auch zu, dass ein Erlebnis notwendig ist? Keine Gotteserfahrung ohne Erlebnis?

„Erfahrung ist ein Ganzes aus Einzelteilen. Sie dient der Orientierung und motiviert zu einem erfahrungsgemäßen Handeln. Gotteserfahrung wäre dann eine Gesamtorientierung, die dem menschlichen Daseinsvollzug ein Ziel und einen Sinn gibt" (Langemeyer, Gotteserfahrung, 120). So definiert Langemeyer Gotteserfahrung. Das bedeutet, dass Gotteserfahrung eine Art Überbegriff über eine Gesamtorientierung im Leben des Einzelnen darstellt und das erfahrungsgemäße Handeln des Einzelnen bestimmt und leitet.

Direkte und indirekte Gotteserfahrung

Fraling differenziert zwischen direkter und indirekter Gotteserfahrung. Direkte Erfahrung Gottes ist unmittelbar, überwältigend, mystisch. „Direkte Gotteserfahrungen können einmal darin bestehen, dass im Erleben selbst eine unabweisbare Evidenz des sich den Menschen zuwendenden Heiligen gegeben ist. Das kann in Visionen, in Auditionen geschehen, allemal in Erfahrungen, die eine Art überwältigenden Charakter haben" (Fraling, Geistliche, 20). Diese Erfahrungen können den Menschen im Alltag treffen, mitten in der Arbeit, aber auch im Gebet, im Gottesdienst oder in geistlichen Übungen. Sie treffen den Einzelnen, sind Geschenk und nicht machbar.

Indirekte Gotteserfahrung liegt dann vor, wenn der Mensch zwar nicht Gott in Form eines Umkehrerlebnisses erfährt und spürt, aber wenn er Erfahrungen und Erlebnisse im Lichte des Glaubens interpretiert und Gott in dieser Erfahrung als anwesend oder mittätig erfahren hat. Die Alltagserfahrung wird in Beziehung zum Glauben gesetzt und entsprechend interpretiert. Ereignisse des Lebens und Alltags deutet der Mensch hier nachträglich als Erfahrungen, in denen Gott anwesend war, in denen Gott für ihn zu spüren gewesen ist.

Beide Formen der Gotteserfahrung ergänzen einander. Beiden Formen liegt religiöses Erleben zugrunde, das den Horizont zum Transzendenten und zum Geheimnishaften Gottes öffnet. Der Gotteserfahrung eignet immer auch ein Zug der Ehrfurcht, der Demut, des Unverständnisses und der Anbetung. Langemeyer nennt es das Aushalten vor dem Unbegreiflichen. Es geht um Anknüpfungspunkte, in denen jemand erfährt, dass es etwas Größeres als ihn selbst gibt. Diese Anknüpfungspunkte können unterschiedlichster Art sein: die Natur ist ein möglicher Ort. Im Glauben gedeutete Naturerfahrungen sind auf Hoffnung hin auszulegen. Ebenso können Schicksalsschläge Orte sein, in welchen die Erkenntnis und das Gespür Gottes wie ein Blitz einschlagen können, schließlich auch in der Begegnung mit dem anderen Menschen, in der Liebeserfahrung menschlichen Lebens – Erfahrungen des menschlichen Lebens, in denen Gottes Atem gespürt werden kann.

So vermögen die Grunderfahrungen menschlichen Lebens als Berührungspunkte mit dem lebendigen Gott verstanden und erfahren werden. Für die Seelsorge und für eine Theologie der Spiritualität hat das elementare Konsequenzen, nämlich die Lebenserfahrungen der Menschen ernst und als Ausgangspunkt für Reflexion und Gotteserfahrung zu nehmen. Geistliches Leben und menschlicher Weg, so zeigt sich hier, sind nicht zu trennen; sie sind nicht zwei voneinander getrennte Bereiche menschlichen Lebens. Das Leben als Ganzes ist ein geistliches oder es ist nicht. Im Alltag, mitten im Leben kann sich Gott erfahren lassen, kann Gott dem einzelnen Menschen begegnen – nicht nur in der Kirche, nicht nur in außergewöhnlichen mystischen Erfahrungen.

Gotteserfahrung ist nichts Elitäres oder für eine elitäre Schar von Auserwählten; sie ist grundsätzlich jedem möglich, der von seinen beiden Grundkräften, Erkenntnis und Freiheit, Gebrauch machen kann. Der Mensch ist ein Wesen der Transzendenz, indem er das Einzelne immer schon überschreitet, und das Einzelne ist die Erfahrung des Alltags, die er auf Gott hin überschreitet. So geschieht Gotteserfahrung nicht durch besondere Methoden oder Techniken oder Hilfsmittel, sondern am Material des normalen Lebens. Notwendig dafür sind lediglich Gespür, die Bereitschaft zum Hören und Aufmerksamkeit auf die u.U. leisen und zaghaften Spuren Gottes im lebendigen Alltag.

Auch die Schrift kann die eigene Erfahrung nie ersetzen. Gotteserfahrung hat ihren Ort vornehmlich im Leben des Einzelnen, in der Begegnung mit der Schöpfung, weniger in der Schrift oder den geistlichen Schriften, die zwar die Sinne öffnen können, nie jedoch die eigenen Erfahrungen zu ersetzen vermögen.

Doch gilt es im Benennen der Gotteserfahrung vorsichtig zu sein. „Religiöses Erleben hat den Transzendenzbezug der menschlichen Wirklichkeit zum Inhalt, Gotteserfahrung realisiert diesen Transzendenzbezug in der konkreten Mannigfaltigkeit des menschlichen Lebens" (Langemeyer, Gotteserfahrung, 122). Gotteserfahrung und Glaube liegen enger zusammen als religiöses Erleben und Glaube.

Ein letztes Problemfeld stellt sich in diesem Zusammenhang. Es ist dies die Frage nach der spezifisch christlichen Gotteserfahrung. Unterscheidet sie sich von dem, was zuvor allgemein zur Gotteserfahrung gesagt worden ist, setzt sie andere oder besondere Akzente? Was ist christliche Gotteserfahrung?

3. Christlich Gott erfahren und geistlich leben

"Ich glaube an gott, der den widerspruch des lebendigen will."

(D. Sölle)

Grund- und Eckdaten christlicher Gotteserfahrungen sind die Erfahrungen Jesu und seine Gotteserfahrung. Sie basieren also auf Erfahrungen dessen, der Gottes Sohn war und ist und seine Jünger an seinen Erfahrungen hat teilnehmen lassen, auch wenn diese sie zunächst nicht fassen und verstehen konnten. Somit haben christliche Gotteserfahrungen einen einmaligen geschichtlichen Ort und haben sich an der Erfahrung Jesu und an der Erfahrung der Jünger mit Jesus zu orientieren.

Der christliche Glaube hat seine Wurzeln im Hören und Erzählen der ursprünglichen Zeugnisse des Glaubens, primär also in der Heiligen Schrift. Sie ist Maßstab, Quelle und Grundlage der christlichen Erfahrungen heute. Christliche Spiritualität ist wesentlich grundgelegt im Hören des Wortes, im Lesen der Erfahrungen anderer mit ihrem Gott. Dieses Wort Gottes und das Hören auf das Wort ereignen sich je in den konkreten geschichtlichen und zeitlichen Gegebenheiten im Kontext von Leben und Zeit. Christliche Gotteserfahrung ist Erfahrung Gottes auf dem Wege mit dem Wort Gottes in der Auseinandersetzung mit der Gegenwart, also mehr als ein einfaches Hören auf das Wort oder ein ‚einfaches Lesen' der Schrift. Der Christ ist unterwegs in Raum und Zeit, in einer konkreten Gesellschaft und Kultur; in diese hinein spricht Gott sein Wort. Das geschriebene Wort Gottes in Form der Heiligen Schrift vermag dem Christen Interpretationsrahmen für die alltägliche Erfahrung sein, mit deren Hilfe er seine täglichen Erfahrungen im Lichte des Glaubens deuten kann – die Erfahrung von Leben wird zur indirekten Gotteserfahrung mit Hilfe des Wortes Gottes. Gleichzeitig jedoch drängt das Wort nicht nur dazu, gehört und mit der Gegenwart konfrontiert zu werden, vielmehr will es auch die Erfahrung, die sich dahinter verbirgt, vermitteln.

Damit sind wir bei der klassischen Einteilung geistlicher Übungen im Dialog mit Gott: das Lesen drängt zum Meditieren, dieses wiederum zum Gebet und zur Vereinigung oder zum Schauen Gottes, zur Kontemplation. Grundlage jedoch ist das Hören, selbst bis in höchste Formen der Mystik hinein, denn nie ist das Hören überflüssig, da die eigenen Erfahrungen nie die Erfahrungen Jesu einholen und überflüssig machen würden oder umgekehrt. Der Christ kann auf seinem Weg versuchen, so wie es z.B. Franziskus intensiv versucht hat, Christus gleichförmig zu werden. Bei Franziskus hat die Verinnerlichung der Erfahrungen Jesu und das Hören der Schrift im Kontext des eigenen Lebens bis hin zu den Stigmata geführt, in denen er die Wundmale Jesu an seinem eigenen Leib zu spüren bekam.

Das Spezifikum christlicher Gotteserfahrung

Oft wird im Zusammenhang mit der Frage nach der spezifisch christlichen Gotteserfahrung das personal-dialogische Verhältnis genannt; doch ist dieses auch anderen Religionen zu eigen.

Ein Spezifikum und eine Besonderheit christlicher Gotteserfahrung liegt sicherlich in der Erfahrung Jesu am Kreuz. Wider alle Hoffnung und wider alle Erfahrung von Leid, Schmerz und Tod hält Jesus an Gott, seinem Vater, fest, legt sein Leben vertrauensvoll in seine Hände und stirbt am Kreuz einen grausamen Tod. Doch wird er von den Toten auferweckt und lebt. Diese Dimension christlichen Glaubens, die Grenzen sprengt und Leben selbst dort unter der Perspektive der Hoffnung sieht, wo es hoffnungslos zu sein scheint, hat Auswirkungen auf den Umgang mit Scheitern und Leid auf dem je persönlichen Weg des Christen. Denn Leid und Schmerz, Qual und die mühsamen, fast nicht zu bewältigenden Wegstrecken menschlichen Lebens werden nicht aus dem Bereich des Religiösen und Gottes herausgenommen. Alles, das ganze menschliche Leben, erfährt durch den Kreuzestod Jesu eine Wandlung, eine Umformung. Fragen und Zweifel sind nicht herausgenommen. Fragen und Zweifel können bleiben. Die Umwandlung kann Jahre dauern. An den Gott glauben, der das Kreuz auf sich genommen hat, bedeutet: Scheitern, Leid und Tod ernst nehmen, es nicht wegreden oder harmonisieren. Es darf sein – und es gehört zum Leben, ja zum Glauben. Große Heilige sprechen von der dunklen Nacht der Gotteserfahrung, der Erfahrung Gottes im Nichts und in der Fragwürdigkeit menschlichen Lebens.

Durch Jesu Gottesbeziehung und seine Vatererfahrung sind alle die, die glauben, hineingenommen in diese personale Gotteskindschaft. Doch in dieser personal-dialogischen Gotteserfahrung geht der christliche Glaube nicht auf, denn liebende Allmacht Gottes ist nicht zu verwechseln mit einem Gott, der in allem und zu allem zur Verfügung steht. Die Allmacht Gottes erweist sich – im Gegenteil – für viele als willkürlich, als ohnmächtig und fragwürdig.

Allmacht und Ohnmacht Gottes

Sören Kierkegaard spricht im Zusammenhang mit der Allmacht von der Selbstbeschränkung aus Liebe.[2] Die Allmacht Gottes besteht darin, dass er sich aus Liebe in Liebe zurücknimmt. So wie der Vaterbegriff für die Gottesbeziehung ein Beziehungsbegriff ist, so ist es auch der Allmachtsbegriff. Gottes Allmacht ist seine Güte. Es ist nichts anderes als die Umschreibung für Gott als das Leben schaffende und Leben ermöglichende Prinzip im Leben des Einzelnen und der Menschheit. Es ist nichts anderes als der Ausdruck dessen, dass der Christ an einen Gott glaubt, der Beziehung will und ist, der Beziehung sucht und sich ansprechen lässt: Abba, Vater. Doch geht die christliche Gotteserfahrung nicht in einem personaldialogischen Gottesverhältnis und ihrer Erfahrung auf.

Gott bleibt letztlich der ganz Andere, der Fremde und manchmal Geheimnisvolle; er ist der, der begegnet und sich entzieht. Er ist der, der nicht zu begreifen ist, der gleichzeitig aber als die absolute Liebe erfahrbar ist. Kategorien wie Vater oder Mutter entzieht er sich, ebenso theologischen Kategorien und Systemen. Der mittelalterliche Theologe Nikolaus von Kues hat in diesem Zusammenhang von der coincidentia oppositorum gesprochen: das Ineinanderfallen der Gegensätze – Ohnmacht und Allmacht, Vater und Mutter, Barmherzigkeit und Strenge, Immanenz und Transzendenz. Dorothee Sölle formuliert es in einem Gedicht auf ihre Weise: „ich glaube an gott, der den widerspruch des lebendigen will."[3] Gott fordert den Widerspruch heraus. Und das scheint ein Spezifikum christlichen Glaubens und auch christlicher Gotteserfahrung zu sein. Insofern ist der Weg des Christen mit Gott kein stromlinienförmig gerader, sondern einer mit Pausen, Umwegen, Irrwegen und einem klaren Ziel. Es ist ein spannender, zugleich aber auch schwerer Weg; es kann ein Weg sein, der durch Leid und Scheitern hindurchgeht. Es kann ein Weg sein, der jahrelang der Frage nachgeht: Gott – wer bist Du?

Christliche Gotteserfahrung drängt darauf, das Innere zu sprengen und die Welt mit einzubeziehen. Fern jeder gnostischen Verdächtigung kommt es nicht auf die innere Erfahrung oder auf die Erlösung durch die Erkenntnis an, vielmehr steht die Welt und das Leben mit allem, was dazugehört, im Zentrum christlicher Glaubens- und Gotteserfahrung. Durch die geschichtliche Offenbarung Gottes in Jesus Christus ist dem christlichen Glauben ein klarer Maßstab an die Hand gegeben. Nicht die eigene innere Erfahrung ist der Heilsweg. Der Glaube und die christliche Gotteserfahrung sind die christusgemäße Erfahrung mit aller Erfahrung (vgl. Pottmeyer, Die Entzweiung, 41f).

Christliche Gotteserfahrung ist Erfahrung des Geistes

In diesem Zusammenhang muss noch auf einen Aspekt hingewiesen werden, der nicht übersehen werden und in Vergessenheit geraten darf. Eine Kraft, die in der geistlichen Erfahrung und der christlichen Gotteserfahrung eine maßgebliche Rolle spielt, ist der Geist, der Geist Gottes, der Heilige Geist. Eine Erfahrung Gottes und geistliche Lebenserfahrung sind immer geistgewirkt. Sie erfordern Offenheit und Sensibilität, Gott im Säuseln des Windes nicht zu überhören. Wie Paulus es treffender nicht hätte formulieren können, zeichnet sich geistliche Erfahrung dadurch aus, dass es der Geist Gottes ist, der Besitz vom Menschen ergreift: „Wenn nun Gottes Geist von uns Besitz ergriffen hat, dann wollen wir auch aus diesem Geist unser Leben führen" (Gal 5,25). Im Brief an die Galater erinnert Paulus daran, wie es zum Christwerden und zur Entstehung der Gemeinden kam und immer kommen wird. Dem Geist Gottes gegenüber offen sein, der wirkt und weist, ist das A und O geistlichen und christlichen Lebens. Dann wird auch die Botschaft Jesu nicht verwässert oder durch Irrlehren verfälscht werden. Der Geist ist für Paulus die Kraft, die dem Leben eine Ausrichtung und Orientierung gibt. Es ist auch der Raum erfüllten und erleuchteten Lebens. „Geist wird somit zu einem globalen, umfassenden Begriff, austauschbar mit der Lebendigkeit Gottes, mit dessen Herrschaftsräumen und -zeiten, mit seinen Willenskundgebungen und Begegnungsformen" (Ruhbach, Geistlich leben, 8).

‚Fleisch' ist sozusagen der Gegenbegriff zum Geist und zum Leben im Geiste Gottes. In der Schrift beschreibt ‚Fleisch' zum einen die geschöpflich-irdische Wirklichkeit, ausgedrückt durch die Körperlichkeit und auch Vergänglichkeit der Geschöpfe. Dabei ist der Mensch im Fleische stets versucht, diese Grenze zu überschreiten. Zum anderen bedeutet ‚Fleisch', dass es im Menschen Strömungen und Wünsche gibt, sich selbst zu verwirklichen und an Gottes Stelle treten zu wollen. Dem Geist nach zu leben bedeutet für Paulus, im Fleisch, dem der Mensch nicht entrinnen kann und das seine geschöpfliche Abhängigkeit von Gott ausdrückt, aber nicht gemäß dem Fleisch zu leben.

Der Geist ist die in Jesus Christus gegenwärtig gewordene Liebe Gottes, die den Menschen begleitet und das Leben so nimmt, wie es ist. Es blendet keinen Bereich aus und schaut aus auf das Kreuz. Die gekreuzigte und auferstandene Liebe Gottes ist der Beistand, der den Christen verheißen ist. Erfahren wird dieser Geist und Beistand dann vor allem in der Erfahrung von Freiheit und Befreiung: „Denn ihr habt nicht einen Geist empfangen, der euch zu Sklaven macht, so dass ihr euch immer noch fürchten müsstet, sondern ihr habt den Geist empfangen, der euch zu Söhnen (und Töchtern) macht, den Geist, in dem wir rufen: Abba, Vater! So bezeugt der Geist selber unserem Geist, dass wir Kinder Gottes sind. Sind wir aber Kinder, dann auch Erben; wir sind Erben Gottes und sind Miterben Christi, wenn wir mit ihm leiden, um mit ihm auch verherrlicht zu werden." (Röm 8,15–17) So lässt sich sagen, dass christliche Gotteserfahrung zumindest eine Erfahrung ist, in der das Wirken des Geistes, das Wirken Gottes erfahrbar ist – vor allem in den Dimensionen von Freiheit und Befreiung. Doch ist es Gott, der dem Menschen ganz persönlich darin begegnet? Ist er in seiner Tiefe erfahrbar? Sind es nur kurze Momente, in denen er dem Einzelnen begegnet? Es bleiben Fragen, die nur der Einzelne ganz persönlich für sich beantworten kann. Dabei helfen weder der theologische Diskurs noch vorgeschlagene Methoden und Formen.

Geistliches Leben ist somit „die Bereitschaft zur Begegnung mit dem persönlichen und überpersönlichen Gott, der sich zu Wort und zur Erfahrung bringt, wann, wo und wie er es will, quer durch unsere Ortsangaben, Gottesdienstzeiten und Erklärungsbemühungen hindurch. Offene Verbindlichkeit, engagierte Erwartung, glühende Sehnsucht, liebender Gehorsam, wachsame Zuwendung, solche Einstellungen und Haltungen beschreiben geistliches Leben am ehesten. Immer aber wird es einen unaussagbaren Rest und ein staunendes Schweigen geben, das anzunehmen, auszuhalten und in neue Erfahrungen zu bringen ist." (Ruhbach, Geistlich leben, 9f)

Fragen zur persönlichen Reflexion
- Wie sieht mein geistliches Leben aus?
- Ist mein Leben geistlich?
- Wo begegnet mir Gott in meinem Leben?
- Wo ist er mir auf meinem Weg begegnet – wie?

4. Gelebte geistliche Erfahrungen

„Glauben heißt, die Welt übersteigen auf Gott hin, der Welt fremd werden und sich auf den Weg zu Gott machen."

(A. Grün)

Nachfolge und Liebe, so kann man den bisherigen Ausführungen entnehmen, sind Schlüsselkategorien geistlichen Lebens, damit auch intensiven Lebens. Wer Erlebnisse und Erfahrungen macht und diese geistlich, d.h. im Lichte des Glaubens deutet, den drängt es dazu, diese Erlebnisse und Erfahrungen umzusetzen, sie mit dem eigenen Leben zu buchstabieren. Geistliche Erfahrungen wollen umgesetzt, das heißt vor allem mit dem je eigenen Leben bezeugt werden. Das bedeutet im Prinzip nichts anderes, als Jesus Christus auf seinem Weg der Liebe, der Barmherzigkeit und des Dienstes an den Notleidenden und am anderen zu folgen; und das an dem Ort, an dem der Einzelne lebt und arbeitet. In der christlichen Tradition, auch in der Gegenwart, gibt es aber immer wieder Menschen, die sich nicht einfach damit begnügen, die vielmehr aufgrund gemachter Erfahrungen mit den Menschen und mit Gott mit ihrem bisherigen Leben brechen und einen ganz anderen, einen neuen Weg einschlagen. Die Wüstenväter im dritten und vierten Jahrhundert in der ägyptischen Wüste sowie Franziskus im zwölften Jahrhundert haben dies in eindrücklicher Weise praktiziert. Dabei haben sie mit ihrer Lebensweise bis heute große Kreise gezogen und können mit ihrem geistlichen Weg und ihren spezifischen Erfahrungen Wegweiser für die Christen heute sein, zumal sowohl die Wüstenväter als auch Franziskus das Motiv des Weges zentral in ihre jeweilige Form der Nachfolge des Kreuzes, dem Spezifikum christlicher Gotteserfahrung, stellten.

Die Mönche ‚wandern'

‚Peregrinatio', Wanderschaft ist ein Schlüsselwort zum Verständnis des alten Mönchtums im dritten und vierten Jahrhundert. Wie Jesus als Fremder unter den Menschen gelebt hat, so wollen die Mönche in der Wüste Ägyptens es ihm nachtun. „Die Füchse haben ihre Höhlen und die Vögel ihre Nester; der Menschensohn aber hat keinen Ort, wo er sein Haupt hinlegen kann" (Lk 9,58). Die Welt hat ihn letztlich nicht verstanden. Und der Christ ist, wie es Clemens von

Alexandrien ausdrückt, ein Bürger zweier Welten: vorübergehend hat er seine Wohnung auf Erden, doch die eigentliche Wohnung ist beim Vater im Himmel. Christus hat das vorgelebt, dem gilt es nachzufolgen. Dabei machen die Mönche deutlich, dass die Wurzel und Quelle des Lebens, dass die Heimat des Lebens und des Menschen in Gott liegen, in dem Vertrauensverhältnis von Gott und Christus, in das der Mensch hineingenommen ist und so auch ‚Abba', Vater sagen darf.

Aus der frühchristlichen Tendenz zur Askese entstanden, gehen einzelne Menschen, Frauen und Männer, zunächst in die Wüste Ägyptens, um dort ein Leben in Einsamkeit, in Entbehrung, Armut und völliger Hingabe an Gott zu leben. Es entstehen verschiedene Lebensformen: zunächst solche, die mehr den Aspekt der Einsamkeit und des Alleinseins betonen, die so genannten Anachoreten (zurückgehend auf den Mönchsvater Antonius, gest. 356). Diese treffen sich zwar zu gemeinsamen Gottesdiensten am Wochenende; sie arbeiten für das Gesamt der Einsiedler, die jeder eine Höhle, Hütte o.ä. in der Nähe haben, doch ist es eine lose Eremitenkolonie, die sich um einen erfahrenen Altvater gesammelt hat. Die Gemeinschaft steht nicht im Vordergrund. Im Gegensatz dazu entsteht eine zweite Lebensform in der ägyptischen Wüste, das so genannte Coenobitentum. Sie besteht aus Männern, die einsam in Form der Gemeinschaft zu leben versuchen. Alles dient der Gemeinschaft; es gibt gemeinsame Gebetszeiten, die Arbeit ist für den Unterhalt der Gemeinschaft; es entstehen klösterliche Formen mit strengen Regeln unter Führung eines Abbas. Diese Lebensform geht vor allem auf den Mönchsvater Pachomius (gest. 346) zurück. Die Motive jedoch, diese Lebensformen in der Wüste zu suchen, sind ähnlich, wenn auch die Ausgestaltung und die Formen sehr unterschiedlich sind. Immer geht es darum, die Hingabe an Gott radikal zu leben und mit dem eigenen Leben deutlich zu machen, dass Gott es ist, dem das Leben des Menschen gehört. Um seinetwillen gilt es, auf alles zu verzichten und allein ihm zu leben. Das schließt den Dienst an den Mitmenschen nicht aus, im Gegenteil: Für Antonius entscheiden sich Leben und Tod des Mönches u.a. an der Haltung zu seinen Mitmenschen; für Pachomius ist der gegenseitige Dienst unter den Mönchen Ausdruck der Liebe und Hingabe an Gott.

1. Diese Pilgerschaft des Menschen zu Gott, überhaupt die Pilgerschaft des Lebens wird von den Mönchsvätern mit dem Weg Jesu, aber auch mit dem Weg der Patriarchen des Alten Testaments belegt. Zunächst geht es ihnen um den Auszug aus der Heimat als Bedingung für die Nachfolge, entsprechend Abraham, der sich auf Gottes Geheiß hin auf den Weg macht (vgl. Gen 12,1–3). „Der Mönch soll auswandern aus dem Denken an diese Welt (ex memoria mundi huius), sein Geist soll allein an Gott denken" (Grün, Auf dem Wege, 17). Das Verlassen der Gemeinschaft der Menschen geschieht um Christi willen. Nicht die Motive von Flucht vor den Menschen oder vor der Geschäftigkeit der Welt stehen im Vordergrund der Mönche, auch wenn so manche Motive sich diesbezüglich sicherlich eingeschlichen haben mögen.
2. Ein zweites Motiv der Mönche, das mit dem Auszug aus der bisherigen Welt und den bisherigen Gewohnheiten einhergeht, ist das Verlassen von Haus und Verwandten (vgl. Mt 19,21.29). Wer sich auf den Weg zu Gott macht und ihm in der Wüste nachfolgen will, muss dieses in letzter Radikalität und im Wandern und Umherziehen tun. Haus und Verwandte werden um Christi willen verlassen. Wie Christus keinen Ort hatte, wo er sein Haupt hinlegen konnte, so soll es auch beim Mönch sein: Er soll es Jesus gleich tun; er soll sich nicht festmachen und offen sein für

das, was Gott ihm schenkt. So wie die Lilien auf dem Felde und die Vögel des Himmels soll er sich keine Sorgen machen müssen, Gott sorgt für ihn. Für die Mönche ist es vor allem auch eine ‚Wanderschaft des Herzens' und damit nicht nur ein äußerer Aufbruch, sondern mehr noch ein innerer Weg.
3. Ein drittes Motiv, das eng mit der Peregrinatio der Mönche verbunden ist, ist die Nachfolge des Kreuzes, was wir später noch weitaus ausgeprägter z.b. bei Franziskus finden werden. Entsprechend Mt 16,24 soll der Mönch sein Kreuz auf sich nehmen und Christus nachfolgen. Also neben dem Leben in der Fremde, neben allem Vorläufigen und Unbehausten ist die Zielrichtung die Nachfolge Christi und seines Kreuzes. Nicht von ungefähr gelten daher auch die Märtyrer in den ersten Jahrhunderten als besondere Menschen, die die Nachfolge Christi ausdrücklich und in einzigartiger Weise leben. So ist das geistliche Leben für die Mönche ein fortwährendes Gehen; es ist zugleich, da es um Nachfolge geht, ständige Umkehr. Das eigene Kreuz auf sich zu nehmen bedeutet, in Demut sich selbst zu erkennen und die eigenen Schwächen und das eigene Kreuz im Lichte des Kreuzes Christi zu betrachten. Die Voraussetzung für den inneren Auszug ist der äußere Auszug und das Verlassen der Heimat. „Glauben heißt, die Welt übersteigen auf Gott hin, der Welt fremd werden und sich auf den Weg zu Gott machen" (Grün, Auf dem Wege, 27).
4. Schließlich ist die Wanderschaft der Mönche keine ziellose Wanderschaft. Nicht der Weg ist das Ziel, wie man bei so vielen geistlichen Übungen der Gegenwart hört. Jegliche Wanderschaft der Mönche hat ein Ziel, nämlich das Leben in Fülle und die Wohnung beim Vater. Somit sind Gehen und Wanderschaft Mittel, um zum Ziel zu gelangen. Und dieses Ziel beruht auf der Verheißung, die Gott

mit und in Jesus Christus unwiderruflich gegeben hat. Das Ziel ist die Erfüllung der Verheißung, die endgültige Heimat bei Gott zu finden. Was auf Erden ist, das wird relativ. In der Wanderschaft rührt der Mönch an seine innerste Sehnsucht, nämlich an sein Ziel zu kommen: in der Heimat bei Gott zu sein. Das Motiv des Weges bringt die eschatologische Spannung zum Ausdruck zwischen dem bereits geschehenen Anbruch der Gottesherrschaft und der noch ausstehenden Vollendung des Reiches Gottes, die Spannung zwischen dem ‚Schon und Noch-nicht'.

Betrachtet man die gesamte Bewegung der Mönche und der späteren Ordensgemeinschaften, so stellt man fest, dass es immer eine asketische und zugleich mystische Bewegung war. Mit und in Mühe und Anstrengung wurde der Weg der Nachfolge beschritten, der sich im dialogischen Geschehen zwischen dem Einzelnen, der Gemeinschaft und Gott zum Ausdruck bringt. Beide Aspekte gehören auf dem Weg und in der Wanderschaft zusammen: Es sind Disziplin, Aufmerksamkeit sowie Ordnung und Mühe gefordert, zugleich aber auch Sorglosigkeit, kindliches Vertrauen und die Reinheit des Herzens, die Gott schenkt.

Franziskus – ‚Pilger und Fremdling sein'

Der heilige Franziskus von Assisi (gest. 1226) ist Beispiel und Modell für den franziskanischen Weg, aber auch für den christlichen Weg. Franz von Assisi war nicht nur zu seiner Zeit ein Vorbild und ein Ideal – bereits im Jahre 1219 kommen zu einem Kapitel in Assisi (das so genannte Mattenkapitel) über 5000 Brüder zusammen. Für viele Menschen heute ist er das Modell gelungenen Lebens, was die Wahl zum Mann des letzten Jahrtausends deutlich zeigt. Fragt man nach dem, was gelungen bedeutet, dann sind sicherlich folgende

Stichworte zu nennen: Sehnsucht und Suche, Konsequenz, Verbundenheit mit der Schöpfung und den Geschöpfen, innige Gottesbeziehung und Gebet. Ihm ging es immer nur um das eine, um das Evangelium; so schreibt er zu Beginn seiner Regel: „Regel und Leben der Minderen Brüder ist dieses, nämlich unseres Herrn Jesu Christi heiliges Evangelium zu beobachten."[4] Nichts anderes will er zeit seines Lebens als die Nachfolge des gekreuzigten Jesus Christus, als ein Leben in seinen Fußspuren: ein evangelisches Leben im Dienst an den Menschen und der gesamten Schöpfung. Fünfmal kommt der Ausdruck ‚den Fußspuren Christi folgen', den Franziskus aus dem ersten Petrusbrief (1 Petr 2,21) entnommen hat, in seinen Schriften vor. Es ist das Programm bzw. die Überschrift über das Programm seines Lebens. Der Mensch ist bleibend auf dem Wege und muss diesem Rechnung tragen, eben dadurch, dass er Christus in dessen Spuren folgt.

Konsequenz seiner Erfahrungen

Voraussetzung eines solchen Lebens ist die Entscheidung und das konsequente Loslassen, wie wir es oben bei den Mönchsvätern sahen: ‚Verlasse Heim und Hof und vertraue der Zusage der Wohnung im Reich des Vaters – um nichts anderes soll es euch gehen.' Franziskus ist in vielem seiner Suche exemplarisch für so manchen Menschen heute: „Seltsam, dieses unvollendete und kontrastreiche Leben ist das Modell eines geglückten Lebens, weil es ganz lauter, ganz ehrlich, ganz konsequent, ganz menschlich, ganz christlich und dadurch ganz eigentlich war. Deshalb wird dieser Bruder aller Menschen zum ‚Vater' eines neuen Weges, der franziskanischen Alternative." (Pohlmann, Franziskus, 18)

Das Faszinierende ist die Umsetzung seiner Gotteserfahrung, dort liegt das eigentliche Geheimnis seines Lebens.

Franziskus ist Gott auf seinem Lebensweg begegnet, und diese Begegnung hat tiefe Spuren hinterlassen: „Von jener Stunde an begann er sein eigenes Nichts zu fühlen und die Dinge, die früher seine Liebe gefunden hatten, zu verachten" (Dreigefährtenlegende, 90). Sein Leben änderte sich, er ging in sich und kehrte schließlich um. Der lebendig rufende Gott bewirkte bei Franziskus einen lebendigen Glauben in einer Haltung, die sich am besten mit dem Wort der Armut vor Gott beschreiben lässt: alles verlassen, um nackt dem Nackten zu folgen, die Dinge der Welt lassen, um ganz die Freiheit Gottes, die sich im Dienst an den Menschen erweist, leben zu können. So liegt ein Hauptcharakteristikum des franziskanischen Wegs in der Armut, ein weiteres in der Hinwendung zum Menschen und zur gesamten Schöpfung, schließlich im Gebet, das sich innig und zutiefst mit Gott verbunden weiß: Das ganze Leben ist ein ständiger Dialog mit Gott, dessen Anruf der Mensch Franziskus mit Wort, in Tat und in Gemeinschaft antwortet.

An Franziskus vermag deutlich zu werden, dass sich christliche Spiritualität im Bild des Weges gut veranschaulichen lässt: Er geht den Weg, zunächst den der Suche und des Fragens; er sondert sich ab, wird fremd, ist sich selbst in vielem fremd und kann die Träume und Gesichter, die ihn bewegen, nicht immer einordnen. Ist es Gott, der zu ihm spricht? Was will er? Das Leben in Saus und Braus, das er zuvor gelebt hat, kann er nicht mehr ertragen. Er ist nicht mehr der Mittelpunkt der Jugend von Assisi. Seine Träume, Ritter zu werden, sind lange nicht mehr geltend. Er sucht und weiß nicht genau, was es ist. Eines Tages begegnet er einem Aussätzigen. Hatte er bislang um Aussätzige immer einen großen Bogen gemacht, so stellt er sich nun ihnen und damit nimmt sein Leben eine radikale Wende. Was ihm bitter war, wird ihm in Süßigkeit verwandelt: „Als er eines Tages inbrünstig zum Herrn betete, wurde ihm geantwortet: ‚Franziskus, alles, was du fleischlich geliebt und zu haben gewünscht hast, musst du verachten und hassen, wenn du meinen Willen erkennen willst. Wenn du nachher zu tun beginnen wirst, was dir bisher angenehm und süß erschien, wird es dir unerträglich und bitter sein.' Durch diese Worte auch in Gott gestärkt, begegnete Franziskus eines Tages, als er in der Nähe von Assisi einen Ritt unternahm, einem Aussätzigen. Und während er sonst gewohnt war, vor Aussätzigen großen Abscheu zu haben, tat er sich jetzt Gewalt an, stieg vom Pferd, reichte dem Aussätzigen ein Geldstück und küsste ihm die Hand. Dann empfing er von ihm den Friedenskuss, stieg wieder zu Pferd und setzte seinen Weg fort." (Dreigefährtenlegende, 93) Ein Abstieg vom Pferd, der zum Aufstieg wird – der franziskanische Weg der Gotteserfahrung.

Das Leben in der Nachfolge: Aufstieg und Abstieg
Ratgeber ist ihm in erster Linie das Evangelium, zugleich ist es die Quelle seines Lebens. Franziskus baut Kirchen wieder auf, geht zunächst einen Weg der Praxis, doch Gott will anderes von ihm: eine Gemeinschaft innerhalb der Kirche, die die Kirche bewegt und provoziert; eine Gemeinschaft von Brüdern, die sich derer annehmen, die am Rande leben, Mindere für die Minderen. All das zeugt zutiefst von einem kommunikativen Weg, der das Du, ob im Mitmenschen, ob im Geschöpf oder in der Natur, ernst nimmt: eine Haltung der Demut, die sich selbst zurücknimmt und loslässt, um sich dem anderen widmen zu können, diesem dabei aus Ehrfurcht vor dem Geschöpf Gottes die Freiheit lässt, die das evangelische Leben ausmacht. Franziskus lebt geschwisterlich mit der Welt. Begegnung und Dialog sind bei ihm die Wegzeichen für andere. Alle Dinge, die ihm begegnen, verdienen volle Aufmerksamkeit und Ehrfurcht, sie haben personalen Charakter.

Gleichzeitig erscheint Franziskus nicht als der Übermensch, der in allem Vollkommene, der für immer und ewig unerreichbar bleiben wird. Franziskus erlebt tiefste Stunden der Gottesferne und der Dunkelheit: „Während des Winters ist das Leben in den Bergeinsiedeleien hart. Die Einsamkeit wird noch drückender, sie macht Angst. Wo jede Spur von Leben erstorben ist, bleibt der Mensch allein. Allein mit seinen Gedanken und Wünschen. Schlimm für den, der in die Einsamkeit gekommen ist, ohne vom Geiste Gottes getrieben zu sein. Ganz düstere, kalte Tage lang muss der Einsiedler in seiner Zelle aushalten. Alle Wege draußen sind verschneit, oder ein Eisregen fällt und hört nicht auf. Der Mensch ist allein mit Gott, es gibt kein Entrinnen. Keine Bücher, die ihn ablenken könnten. Kein Mensch, der ihn freundlich ansähe oder ihm Mut zuspräche. Er ist auf sich selbst verwiesen. Auf seinen Gott oder seine Dämonen. Er betet. Und bisweilen lauscht er auch, was draußen vor sich gehen mag. Er hört keine Vogelstimmen mehr, nur das Pfeifen des Nordwindes, der über die Schneedecke fegt. Der Mann zittert vor Kälte. Vielleicht hat er seit morgens nichts gegessen. Und er fragt sich, ob die Brüder, die betteln gegangen sind, etwas für ihn mitbringen werden" (Leclerc, 37).

Pohlmann spricht nicht umsonst von den verschiedenen Stufen auf dem Weg der franziskanischen Nachfolge: Erschüttertsein durch die Liebe Gottes, dankbare Antwort des Herzens, frei werden von aller Ichhaftigkeit, konkrete Nachfolge Jesu und damit Wandlung (vgl. Pohlmann, 139).

Das Leben des Franziskus ist ein geistlicher Weg, den man durchaus mit Aufstieg und Abstieg bezeichnen und umschreiben kann, der sich aber dennoch von den vielen Modellen aus der monastischen Tradition unterscheidet: Ernst genommen ist es kein Weg einer geistlichen Leiter, die es Stufe für Stufe zu erklimmen gilt, bis oben angekommen das Leben in Fülle bei Gott wartet. So sind die Fußspuren Christi, um im Bild zu bleiben, die geographischen Orte der franziskanischen Gottesbeziehung, der franziskanischen Kontemplation; es geht um die Begegnung, und das nicht nur mit sich selbst und Gott in der mystischen Vereinigung und/oder Entrückung. In seiner Gottesbeziehung und in seinem Verständnis von Gebet und Glauben wendet sich Franziskus gerade den Begegnungen zu, nicht von ihnen ab; die Erfahrung der Welt und der Menschen sind der Ort franziskanischer Nachfolge. Das ist die tiefe Dimension der Geschwisterlichkeit, die er und Klara gelebt haben und von ihren Gemeinschaften verlangen. So ist die Schriftlesung im franziskanischen Sinne die gelebte Umsetzung des Evangeliums.

Franziskus – der Mindere und der Arme
Franziskus lebt somit die Bewegung der Wüstenväter in einer sehr radikalen Weise: Verlassen des Bewährten und Allgemeinen, Hinwendung zum Du und zu Gott nicht in der Abgeschiedenheit der Wüste, sondern inmitten der Menschen. Die Erniedrigung Jesu, seine Entäußerung und seinen Dienst (vgl. Phil 2,5–11) lebt Franziskus konkret nach: Diener aller sein, sich für die anderen ans Kreuz schlagen lassen, sich auf eine Stufe mit den Verelendeten stellen, mit ihnen leben und ihnen die Würde zurückgeben, die Gott einem jeden Menschen gegeben hat. Nachfolge in den Fußspuren Jesu bedeutet Abstieg, wie es Jesus getan und gezeigt hat. „Minderbruder – das heißt soviel wie aller Welt unter den Füßen liegen. Denn je mehr Abstieg, desto mehr Aufstieg! Aus dem Grund hat der selige Franziskus gesagt, vom Herrn sei ihm geoffenbart worden, dass sie sich ‚Minderbrüder' nennen sollten." (Ägidius, zitiert nach: Pohlmann, Franziskus, 142) Minderbruder sein und sich wie Christus denen zuwenden, die am Rande stehen, die nichts haben, die ihre Würde als Mensch verloren haben – für den franziskanischen Weg be-

deutet das in erster Linie, wie Franziskus die Armut zu leben und zur Braut zu nehmen; keine Armut um der Armut willen, keine Armut, die allein aus materiellen Entbehrungen besteht, sondern eine Grundhaltung des Herzens, die sich selbst loslassen kann um Gottes und der Menschen willen, die sich existentiell abhängig weiß von dem Du, das die Welt geschaffen hat und trägt. Hierin ist die Armut nicht mehr nur Bestandteil der drei Gelübde eines Ordenschristen, vielmehr ist sie eine gelebte christliche Haltung im Alltag eines jeden Christen.

Die Armut ist der vortrefflichste Weg franziskanischer Nachfolge und somit Kernstück geistlichen Lebens in der franziskanischen Tradition. So heißt es in einer sehr frühen Schrift, die einem mittelalterlichen Mysterienspiel ähnelt, über die Beziehung von Franziskus zur Armut: „Unter den übrigen vortrefflichen und besonderen Tugenden, die Gott im Menschen Wohnung und Bleibe bereiten und die den vorzüglicheren und leichteren Weg, zu Gott zu gehen und ihn zu erreichen, zeigen, ragt die heilige Armut durch ein gewisses Vorrecht über alle hinaus und übertrifft durch einzigartige Schönheit den Ruhm der anderen. Sie ist nämlich die Grundlage aller Tugenden und ihre Hüterin; sie steht unter den bekannten evangelischen Tugenden mit Recht nach Rang und Namen an erster Stelle." (Der Bund, 87f) Franziskus macht sich innerhalb dieser Schrift auf den Weg, die Herrin Armut zu finden – es ist ein Weg, der ihn auf einen Berg führt, wo die Herrin Armut ihren Ort hat. Aufgrund vieler Enttäuschungen in der Geschichte der Orden und der Kirche will sie ihn und seine Brüder eigentlich nicht empfangen. Doch da Franziskus den Berg so spielerisch leicht erklommen hat und seine Worte so aufrichtig klingen, spricht sie mit ihm. Es entwickelt sich ein hochinteressantes Gespräch zwischen der Armut, Franziskus und seinen Brüdern, in welches sich auch der Herr selbst kurz einmischt. Zum Schluss wird ein Bund zwischen den beiden geschlossen und mit einem Mahl und einer Verheißung nach dem gemeinsamen Abstieg vom Berg besiegelt. Dabei ist die Armut die Braut Christi, welcher der edle Ritter Franziskus Minnelieder singen kann, um dabei den Herrn zu ehren.

Franziskus macht sich auf den Weg wie zuvor das Volk Israel. Voraussetzung ist der Auszug und Aufbruch aus dem Land der Heimat in eine ungewisse, aber von Gott verheißene Zukunft. Motivation ist also weder Flucht noch Resignation; Motivation, gespeist durch Sehnsucht und Verheißung, ist das Leben in Gott, ist die Suche nach dem Spiegelbild Gottes in der Schöpfung. Es ist ein Prozess, der Wandel und Umkehr beinhaltet, ganz gemäß Mk 1,15 und der Aufforderung Jesu umzukehren. Umkehr beinhaltet aber für Franziskus gleichzeitig auch Hinkehr; es ist die Erfahrung des anderen, des vielleicht ganz Anderen; es ist die Erfahrung des anderen in der Konfrontation mit sich selbst, wie es nicht eindrücklicher in der Begegnung mit dem Aussätzigen beschrieben sein könnte. Es ist ein Prozess, der den anderen mit einschließt. Zwangsläufig wird somit der Dienst am anderen, wie in der Erzählung vom Aussätzigen, zu einer ‚Herz-zu-Herz-Begegnung'. Der Dienst ist nicht Pflicht, der Dienst ist ein Liebesdienst, der von Herzen kommt und das Herz des anderen meint, eben ihn in seinem Menschsein. Somit ergibt sich auch für die Verkündigung, dass diese, in Wort und Tat, das Herz meint – also: nicht Katechese, nicht Belehrung, sondern Begegnung will und initiiert.

Des Weiteren ist der Weg, den Franziskus einschlägt, ein Weg der Freiheit: von sich selbst, von unguten Beziehungen, von den Sorgen um Besitz – er bindet sich in radikaler Weise und wird gerade dadurch frei. Der Weg geht dabei über die

Sinne, wie es Franziskus vorgelebt hat: Fühlen, Tasten und Berühren sind Dimensionen franziskanischer Welterfahrung. Den Fußspuren Christi folgen, in aller Radikalität und Konsequenz, das heißt für Franziskus nichts anderes als ‚Sein in Christus', von dem Paulus immer wieder spricht. Seine Nachfolge und damit das Leben der franziskanischen Alternative hat nichts mit einer Fixierung auf den Gründer zu tun, sondern macht vielmehr deutlich, wie sehr das Wegmotiv innerhalb der christlichen Tradition christozentrisch ist. Franziskus wollte nichts anderes, als den Weg Christi nachzugehen – ein Leben nach dem Evangelium: Das ist geistliches Leben, intensives Leben.

Geistliches Leben ist ein Leben mit und in Erfahrungen. Diese bewegen den Menschen, sein Leben mit dem Evangelium zu konfrontieren und es vom Evangelium her umformen zu lassen. Geistliches Leben ist ein Leben in der Nachfolge, im Aufbruch und auf dem Wege.

II. BIOGRAPHIE UND LEBENS-ERFAHRUNGEN ALS GEISTLICHE WEGERFAHRUNGEN

In der Geschichte der christlichen Spiritualität gab es im Anschluss an die Rezeption der aristotelischen Philosophie einen verhängnisvollen Bruch in der Theologie, der bis zur Klage über das Erfahrungsdefizit heutiger Theologie seine Auswirkungen zeitigt. Es kam zu einer umfassenden Spaltung zwischen Lehre und Leben, zwischen Dogma und Praxis. Waren zuvor die Heiligenlegenden und Heiligenleben, waren die konkreten Biographien gleichzeitig gelehrte und gelebte Theologie und Unterweisung der Gläubigen, so werden nun theologische Systeme entwickelt, die der Erfahrung entbehren und sich in der Scholastik im 12./13. Jahrhundert in spekulativer Theologie und Gedankenarbeit ergehen. Die Mystik und die mystische Erfahrung geraten zunehmend in Verruf und in den Verdacht, etwas Gesondertes, etwas Gefährliches und nicht Kalkulierbares zu sein. Die Diskrepanz zwischen Mystik und Lehre wird immer größer und die Theologie nimmt ihre Gedanken und Impulse fortan nicht mehr aus der Biographie der Heiligen, sondern aus Gedankensystemen und spekulativen ‚Höhenritten'. Die Erfahrung von Gott und das Wesen Gottes nehmen zwei verschiedene Bereiche ein. Die Theologie ist fortan, um es drastisch auszudrücken, keine gelebte und gebetete Theologie mehr als vielmehr eine spekulativ durchdachte Theologie. Doch Theologie sollte, so wie es in der Darstellung der Mönchsväter und vor allem auch von Franziskus zu sehen war, aus der Praxis der Nachfolge resultieren, sich vom Leben beeinflussen und prägen lassen, denn Nachfolge verändert das Denken so wie das Denken die Nachfolge reflektiert und bereichert (vgl. Schneider, Theologie, 11). Die Mystik wird im gesamten Genre der aszetischen und theologischen Schriften, die mit dem 17. Jh. in Massen auftauchen, als ein besonderes und gesondertes Phänomen behandelt, als etwas, das außergewöhnlich ist und nicht zur gewöhnlichen Spiritualität eines Christen gehört.

Das geistliche Leben wird durch die Überbetonung der Askese und der Anrüchigkeit der Mystik und der Gotteserfahrung instrumentalisiert, rationalisiert und zielgerichtet, es ist eine Technik; die Mystik wird unproduktiv. Wurzeln dieses Denkens liegen zweifelsohne in der Zweiteilung von Erfahrung und Dogma im Anschluss an das aristotelische Denken.

Geistliches Leben ist biographisches Leben

Der Wegcharakter geistlichen Lebens, die Einbindung von Erlebnis, Erfahrung und Gotteserfahrung in das Motiv des Weges legen es nahe, eine Verbindung von Theologie und Biographie zu postulieren und zu wagen. Ein Baustein dazu ist sicherlich, dass sich die Theologie der Spiritualität der Alltagserfahrungen der Menschen annimmt, diese wesentlicher mit Biographien von Heiligen in Verbindung bringt und beginnt, biographisch zu denken. Wenn geistliches Leben dem Motiv des ‚homo viator' (der Mensch auf dem Wege) Rechnung zollt, dann hat auch eine Theologie der Spiritualität, ja eine Theologie generell die Erfahrungen und Begegnungen des Gläubigen, ja des Menschen ernst zu nehmen und sich von diesen bestimmen zu lassen. Die Lebensgeschichte des Einzelnen ist eine Heilsgeschichte mit Gott. So bezeichnet Schneider die Nachfolge als den authentischen Ort der Theologie. Sie ist nur dort Theologie, wo sie aus der Praxis der Nachfolge genährt wird und diese wiederum zum Gegenstand ihrer systematischen Reflexion macht. Es ist der Weg des Evangeliums, der die Theologie ausmacht und bestimmt; dieser Weg des Evangeliums findet seine konkrete Ausformung in der Biographie des Einzelnen. Mit dem Leben gilt es heute den Glauben zu bezeugen, vor allem in einer Zeit der Abwesenheit und der Ferne Gottes, darin dann eine Theologie zum Ausdruck zu bringen, die sich dem Leben und dem Leben in der Nachfolge widmet. Dabei wird es immer zu einer Brüchigkeit kommen, wenn Theologie als Biographie betrieben wird und Theologie die Biographie des Einzelnen ernst nimmt. Dann kann es nicht sein, dass ein theologisches System glatt und rund ist, dann muss sich dieses System auch am Rand des Abgrunds, an der Frage, an dem Schweigen als Verstummen und an der Frage nach dem Warum bewegen und damit umgehen können.

Erfahrungen bestimmen den Weg des Menschen. Geistliches Leben ist die gesamte Summe des Weges eines Menschen, die im Licht der Erfahrung oder auch der Nicht-Erfahrung Gottes gedeutet und erlebt wird. Gerade mit dem Blick auf das Leben, auf die Passion und auf den Tod Jesu kann eine gelebte Spiritualität im christlichen Kontext nicht an den Fragen, an den Problemen, den Brüchigkeiten und all dem Leid der Welt vorbeigehen. Dieses nicht ernst zu nehmen würde bedeuten, das Leben, das intensive Leben nicht ernst zu nehmen, letztlich die Schöpfung Gottes nicht als das zu nehmen, was sie ist. Ein frommer Mantel über die Fragen der Menschheit – das kann nicht geistliches Leben sein.

So kann und darf es auch keine Unterscheidung geben zwischen den ‚Geistlichen' und den ‚normalen Leuten', denn ein jeder Mensch, auch wenn er keinen kirchlichen Beruf hat, ist dazu berufen, als Geistlicher zu leben, so wie es auch Paulus in seinen Briefen zum Ausdruck bringt. „Geistlich leben heißt, den Glauben ins Leben umzusetzen und dabei die Kräfte des Glaubens für den Alltag fruchtbar werden zu lassen. Die Formen werden sich freilich unterscheiden" (Körner, 6).

Maßstab jeder Form ist der Weg und das Leben Jesu, der kein theologisches System, keine systematische Lehre des

Gebets und keinen theoretischen Überbau geistlichen Lebens geschaffen hat, der aber in seinem Leben, durch seine Worte, durch sein Handeln und durch die einmalige Tat am Kreuz die Wegmarken für die Theologie und weiteres theologisches Denken gesetzt hat. Es ist ein Zusammen von Wort und Tat, von Schweigen und Gebet, von Verstummen, Klage, Schrei und Hingabe gewesen.

Ebenso ist Theologie kein System und kein Überbau. Betreibt man sie im Angesicht Gottes und im Angesicht des Menschen, muss sie ein Weg sein und bleiben, und der Weg ist nicht abgeschlossen, muss fragmentarisch bleiben. Systeme geben Antworten, wo vielleicht Fragen oder Schweigen stehen sollten. Systeme lassen kaum Beunruhigungen zu und sie vereinfachen. Der Geheimnishaftigkeit Gottes sollte in der Theologie Rechnung getragen werden; theologisches Reflektieren sollte biographisch orientiert und damit brüchig sein. Eine biographisch orientierte Theologie ist eine Theologie der Nachfolge und eine Theologie der Heiligkeit: „Nachfolge als Heiligkeit hat ihren Ursprung im Menschensohn als dem authentischen ‚Theologen'. [...] Gleich den Jüngern zeigen die Heiligen exemplarisch, dass Nachfolge biographische Exegese des Lebens Jesu ist." (Schneider, Theologie als Biographie, 25f) Der Weg des Glaubens ist der Weg Jesu, ist die Nachfolge auf dem Weg Jesu, ist Teilnahme an der Erfahrung Jesu. Diese wiederum ist trinitarisch grundgelegt, geistgewirkt und kirchlich.

Im Folgenden nun sollen einige Stationen auf dem Wege des Menschen in ihrer geistlichen Gestalt untersucht werden und dabei in all ihrer Fragmentarität zur Sprache kommen. Somit geschieht ein Stück biographischer Theologie als geistlicher Theologie, die den Leser dazu animieren kann, die eigenen Lebenssituationen, geglückte und misslungene, unter dem Blickpunkt des Geistlichen zu betrachten. Geistliche Theologie, und damit Spiritualität, ist eine Theologie des Subjekts.

Eine wichtige Komponente dabei ist der Erzählcharakter des Lebens, so wie er sich in der Verkündigung Jesu zeigt. Es müssen heute neue Wege gefunden werden, die Erfahrungen des Lebens im Lichte des Glaubens zu deuten und diese vor allem erzählend füreinander und für andere fruchtbar zu machen. So wie die Jünger und die Frauen in den Evangelien miteinander reden, zunächst hinter verschlossenen Türen (vgl. Lk 24,33–36; Joh 20,18f.), um einander von den Erfahrungen mit dem Tode und vor allem den Erscheinungen Jesu zu berichten, ist geistliches und christliches Leben elementar an das Erzählen gebunden. Während sich die Jünger und Frauen austauschen, während sie über alles reden, erscheint ihnen Jesus. Am Ort der Versammlung und während des Erzählens erscheint er ihnen – ein Aspekt, der nicht nur zufällig ist. Im Austausch der Glaubens- und Lebenserfahrungen kann Jesus präsent werden.

1. Grenzen erfahren und eine Spiritualität des ‚Scheiterns‘ leben

„Ist das ‚Scheiternkönnen‘ nicht geradezu die Reifeprüfung des Lebens, weil das Scheiternmüssen die Urbedingung des Menschseins ist?"

(G. Fuchs)

Einer Theologie der Spiritualität und einer praktisch orientierten Theologie heute steht es gut zu Gesicht, wenn sie sich biographisch und damit am Subjekt, am Einzelnen orientiert. Wie kann der Einzelne innerhalb seiner Lebenswelt und auf seinem individuellen Lebensweg aus der Tradition schöpfen und mit der religiösen Tradition umgehen? Was kann der christliche Glaube dazu beitragen, dass der Mensch sich in einer Welt mit zunehmender Individualisierung und Globalisierung zurechtfindet und sein Ich im Lichte des Glaubens entfalten kann?

Angesichts einer Welt, in der der Kapitalismus die vorrangige Gesellschafts- und Wirtschaftsform ist, wird der Mensch flexibler, werden Formen des Zusammenlebens flexibler, damit auch brüchiger und kurzlebiger. „Wie bestimmen wir, was in uns von bleibendem Wert ist, wenn wir in einer ungeduldigen Gesellschaft leben, die sich nur auf den unmittelbaren Moment konzentriert? Dies sind die Fragen zum menschlichen Charakter, die der neue flexible Kapitalismus stellt." (Sennett, 12) Die Zeit und das Zeitgefühl verlaufen nicht mehr so linear, wie es vor Jahren gewesen ist. Das Leben ist vielschichtiger, wechselhafter, eben auch flexibler geworden, damit fallen so manche ritualisierte Handlungen – gerade auch im christlichen Milieu – heraus, neue müssen gesucht und gefunden werden. Das Leben ist unberechenbarer geworden. Langfristig ist wenig. Verträge werden auf Gestellungsbasis geschlossen, kaum mehr ist gesichert, einen Job auf Lebenszeit zu erhalten und sich häuslich an einem Ort für immer einzurichten; es sei denn, man macht Abstriche und muss nicht jedes Jahr einen teuren Urlaub finanzieren, wie es schon fast zum Status quo gehört. Was in den USA schon Brauch geworden ist, wird sich sicherlich in den kommenden Jahren auch in Deutschland einschleichen: ein junger Amerikaner mit zwei Jahren Studium, so Sennett, muss heute damit rechnen, in vierzig Jahren mindestens elfmal die Stelle zu wechseln. Wie können da die Werte in den Beziehungen und Familien wie Loyalität, Vertrauen und Verpflichtung gelebt, geschweige denn eingeübt werden? Die Bindungen in Firma und Familie werden wie ein Netzwerk gestaltet, das flexibel ist, sich gleichzeitig aber auch durch Schwäche an Bindung und Vertrauen auszeichnet. Starke Bindungen hängen von langem Zusammenhalt ab.

Der Ort der Religion und des Glaubens
Die Lebensgeschichten der einzelnen Menschen sind der Verständnisschlüssel für heutige Pastoraltheologie und für eine Theologie der Spiritualität. Voraussetzung zu einer solchen Theologie des Subjekts ist die Annahme, dass die religiöse Welt keine Sonderwelt innerhalb des Lebens des Einzelnen darstellt, sondern dass das religiöse Leben und damit das geistliche Leben innerhalb des Lebensalltags der Menschen ihren Platz haben. Dort wird dann deutlich, dass Alltag mehr ist als nur Alltag und dass es innerhalb dieses Alltags Momente gibt, die Verweischarakter haben und Berührungsorte mit dem Transzendenten, mit Gott sein können. Das sind dann nicht nur die Sakramente und die Lebensorte, die diese einnehmen, obgleich sie heute – trotz veränderter Lebenswelten und schwindender sakramentaler Frömmigkeit – immer noch Berührungspunkte Gottes sind.

Im Alltag findet, so Henning Luther, eine zunehmende Marginalisierung der Religion statt, sie spielt nur eine Randrolle, obgleich damit eigenartigerweise eine gegenläufige Tendenz einhergeht: Zu bestimmten Lebenswenden oder Ereignissen gehört die Kirche nach wie vor dazu und verliert ihre Relevanz nicht, so bei Hochzeiten oder auch bei Beerdigungen, obgleich gerade bei letzteren die Tendenz zur anonymen oder zur nicht-kirchlichen Bestattungszeremonie zunimmt. Es ist zur Zeit eine sehr eigenartige Tendenz, die jedoch zeigt, dass Seelsorge und damit auch Spiritualität sich an der Alltagssituation in Verbindung mit den Hochzeiten menschlicher Biographie orientieren muss. Dabei geht es nicht um eine fromme Selbstbespiegelung, sondern um eine Ernstnahme des Lebens, in welchem Gott auf den Menschen zukommt und ihn in konkreten Situationen anspricht.

Eine zunehmende Trennung von Kirche und Welt hat zur Folge, dass die Kirche nicht mehr sämtliche Handlungsabläufe im Leben der Menschen in der westlichen Welt bestimmt und mitträgt, wie es noch vor dreißig Jahren der Fall gewesen sein mag. Die kirchliche Lebensordnung ist nicht mehr die maßgebende Ordnung für das Leben und den Zyklus der Menschen. „Interpretierte früher die von der Kirche repräsentierte christliche Religion den Lebenslauf, so interpretiert nun die je individuelle Lebensgeschichte des Einzelnen seinen Zugang zu Religion und Glauben. Oder anders: Nicht mehr ist die Kirche die bestimmende Mitte einer einheitlichen Lebenswelt. Vielmehr ergeben sich aus einer Vervielfältigung verschiedener Lebenswelten und Lebensgeschichten unterschiedliche Zugänge zu Religion, Kirche und Glauben." (Luther, 40) So ergeben die Lebensgeschichten und Biographien der Einzelnen je unterschiedliche Zugänge zu Glauben, Religion und Kirche; dem müssen Seelsorge, Spiritualität und die Kirche Rechnung tragen. „Die Lebensgeschichte, die jeder oder jede von ihnen erzählen kann, wird die Fragen des Glaubens und der Religion je anders ins Spiel bringen. Darauf sollte Kirche zunehmend sensibler zu hören beginnen." (Luther, 40)

Zudem steht der Mensch heute aufgrund der sozio-ökonomischen Bedingungen, aufgrund der Marginalisierung von Kirche und Religion zunehmend unter dem Druck, Sinn und Ziel des Lebens selbst zu suchen und zu definieren. Übergangssituationen und Krisen im Leben des Einzelnen werden zu den Punkten, wo Religion und Glaube anknüpfen können, wo der Mensch für die Frage nach Gott und Welt empfänglich ist, wo er auch Hilfe benötigt. Das jedoch erfordert eine klare Hinwendung zum Einzelnen und dessen Weg; das erfordert eine intensive Individualseelsorge und Begleitung. Oftmals fehlt es auch am roten Faden im Leben Einzelner, an dem Erzählstrang, der Gründe bereitstellt, warum etwas ist oder geworden ist oder eben nicht. Aufgrund der flexiblen Lebenswelt und der Mobilität sind diese Erzähl- und Plausibilitätszusammenhänge oftmals verlorengegangen.

Grenzsituationen
Besonders die Grenzsituationen des menschlichen Lebens wie Krankheiten, schwere Schicksalsschläge, Abschied und Tod, persönliches Versagen und Schuld erfordern Begleitung und Orientierung. Hier zeigt sich, dass der Mensch bei aller Machbarkeit sein Leben letzten Endes nicht im Griff hat. Es entzieht sich. Er wird eines Weges geführt, den er so nicht unbedingt gehen will, aber muss; es sei denn, er bleibt am Wegesrand sitzen und lässt den Kopf hängen, geht nicht mehr vor und zurück. Doch Stagnation bedeutet Tod.

Es kommt darauf an, diesen unvorhergesehenen Momenten auf dem Lebensweg zu begegnen, sie zu integrieren und sich auf die unbekannte neue Wegstrecke einzulassen. So einfach das klingen mag, um so schwerer ist es in die Tat umzusetzen. Da ist oftmals Hilfe und Begleitung vonnöten. Mit Begrenzungen und Grenzen umgehen gehört zur Lebensaufgabe des Einzelnen auf seinem Lebensweg. Letztlich spiegelt sich in den Grenzsituationen des Lebens die Endlichkeit und Begrenztheit menschlichen Lebens wider.

Grenzsituationen können vielfältiger Natur sein; allen voran sind diejenigen zu nennen, die dem Lebenskonzept des Einzelnen einen gehörigen Strich durch die Rechnung machen: eben die oben genannten von Leid, Krankheit, Schicksalsschlägen und Tod: Situationen, in denen sich nach dem Philosophen Jaspers des Menschen eigenes Sein in der absoluten Einsamkeit bildet (vgl. Luther, 50). Diese Bewältigung kann dem Einzelnen keiner nehmen, er muss sie letztlich allein bestehen.

Doch gibt es andere Grenzerfahrungen, die nur allzu oft aus dem Blickwinkel geraten. Es sind dies die Erfahrungen des Schönen und Herausfordernden in den Künsten; wenn sich mit einem Male der Horizont aufgrund von Literatur, Musik oder Kunst öffnet und Grenzen überschritten werden, wenn die Begrenztheit des Alltags in Momenten überwunden wird.

Es gibt des Weiteren Grenzerfahrungen, die in Gemeinschaft erlebt werden, so vor allem im Bereich der Kommunikation. Wohl kaum ein Bereich menschlichen Lebens ist derart mit Grenzen und Grenzerfahrungen behaftet wie der Bereich der Kommunikation. Es ist der andere, der mir begegnet; jemand, der im Tiefsten wie ich selbst Geheimnis ist, nie ganz zu begreifen und zu fassen, eben Abbild des geheimnisvollen Gottes. Er benutzt vielleicht die gleiche Sprache und nutzt sie doch so unterschiedlich. Er kann mich in meinem Sein stören und empfindlich behindern, er kann mich aber auch bereichern. Außenseiter sind das Paradebeispiel für eine Kommunikation, die von vornherein zum Scheitern verurteilt ist; eine Kommunikation, die auf dem Lebensweg des Menschen Schiffbruch erleidet, aufgrund vorgefertigter Vorurteile und Beurteilungen. Das Anderssein des anderen ist die Grenze, zugleich aber Chance einer jeden Kommunikation.

Grenzsituationen sind Erfahrungen, die den Menschen verunsichern und zur Stellungnahme herausfordern. Sie sind Erfahrungen und Widerfahrnisse, die es anzugehen gilt, will der Einzelne denn auf seinem Lebensweg voranschreiten. Sie formen den Einzelnen um und formen ihn neu.

Die Biographie und der Lebensweg des Einzelnen fordern geradezu, eine Spiritualität des Scheiterns zu entwickeln. Denn das Scheitern und zwangsläufig der Umgang mit Scheitern ist eine der tragenden menschlichen Erfahrungen:

„Dass die anderen mich scheitern lassen, dass ich andere scheitern lasse, das ist leider kein Einzelfall. Dass wir einander scheitern helfen, das kommt schon seltener vor. Aber muss nicht doch im Grunde jeder selbst damit zurechtkommen und das Scheitern bewältigen? Ist das ‚Scheiternkönnen' nicht geradezu die Reifeprüfung des menschlichen Lebens, weil das Scheiternmüssen die Urbedingung des Menschseins ist?" (Fuchs/Werbick, 25f)

Das Scheitern

Doch unsere Gesellschafts- und Wirtschaftsstruktur des späten Kapitalismus in einer Zeit, die Postmoderne oder auch Zeit nach der Postmoderne genannt wird, geht nicht konform mit einer Spiritualität des Scheiterns. Scheitern ist nicht nur an den Rand gedrängt wie die Religion, Scheitern darf nicht sein, denn den Erfolgreichen gehört die Welt. Der Mensch muss sein Leben im Griff haben und erfolgreich sein. Wer scheitert, der ist nicht gut, der ist ein Verlierer. Das darf weder sein noch eingestanden werden. So lassen sich viele ‚Schein-existenzen' feststellen, die den Status quo nach außen wahren, doch nach innen ihren Bankrott erklären mussten, finanziell und/oder auch in den Beziehungen. Doch Scheitern ist menschlich und wird es immer bleiben. Es sind nicht erst die großen Lebenskrisen, die den Menschen zum Scheitern verurteilen. Es sind oftmals die vielen kleinen Dinge, die im Alltag misslingen, die langsam das Leben auseinanderfallen lassen und deutlich machen, wie schwer es ist, die eigene Existenz zusammenhalten zu können.

In diesem Zusammenhang muss auch die Frage gestellt werden, ob nicht auch Gott am Kreuz mit der Botschaft von der Umkehr gescheitert ist. Und ist nicht diese gescheiterte Botschaft zu einem Hoffnungszeichen geworden, so dass es in der christlichen Spiritualität elementar darauf ankommt, die eigenen Schwächen, das Leid und die Momente des Scheiterns wie Schuld und Sünde, wie Versagen, Feigheit und Mutlosigkeit, wie eine nicht zu bewältigende Krankheit oder auch die Angst vor dem Tod anzusehen, ernst zu nehmen und mit der Botschaft des Kreuzes als Zeichen der Hoffnung zu konfrontieren? Dadurch ändert sich nicht die Situation, womöglich bleiben auch sämtliche Fragen und Zweifel, doch wird vielleicht der Umgang mit der Situation ein anderer sein. Es kann nicht darum gehen, die Situation zu harmonisieren und schönzureden, sondern ernst zu nehmen, in all ihrer Brüchigkeit und Fragwürdigkeit, so wie es auch in der Diskussion um die Theodizeefrage nicht darum gehen kann, das Leid zu erklären. Das Scheitern gehört zum Weg des Menschen dazu, und es will immer wieder gelernt sein. Neben den lebensverneinenden Handlungen wie Verdrängen, Beschönigen und ‚Gesundbeten' ist das Scheitern zunächst einmal anzunehmen und dann zu bearbeiten. Gott ist einem Volk ‚hinterhergelaufen', das sich immer wieder abgewandt hat, das die Propheten und damit die Botschaft Gottes abgelehnt hat. Gott ist in Jesus Christus gescheitert, hat sich ans Kreuz schlagen lassen; die Jünger sind immer wieder gescheitert, selbst zu Lebzeiten Jesu. Darf nicht auch ich scheitern und es zulassen, wenn es unvermeidlich wird? Auch hier gilt das Wort von der Nachfolge Christi als geistlichem Leben, auch hier ist er Maßstab im Umgang mit Scheitern und Grenzen.

Wenn ein Keil zwischen Generationen getrieben worden ist oder eine Beziehung nur noch auf dem Papier besteht und sie nicht mehr zu ‚kitten' ist, muss man da nicht den Tatsachen ins Auge blicken und um des Lebens willen das Scheitern zulassen, um so Neues in Angriff zu nehmen und nicht Kräfte zu binden und zu investieren, die anderweitig besser einzusetzen wären? Muss man nicht das, was nicht leben kann und will, sterben lassen, um des Lebens willen?

Auch innerhalb der Kirchen gilt es, die Situation als solche zu nehmen, wie sie ist, und sich das Scheitern in so manchen Richtungen einzugestehen; ebenfalls in so manchen Ordensgemeinschaften, die kaum mehr oder nur sehr wenig Nachwuchs im Vergleich zu früheren ‚goldenen Zeiten' haben, die ihren Kairos hinter sich haben und nun in Würde mit großem Schmerz das Scheitern eingestehen müssen, statt zu jammern und zu wehklagen. Wichtig scheint dabei zu sein, dass das Scheitern nicht mit einer Niederlage gleichzusetzen ist, sondern dass im Scheitern etwas zum Abschluss gebracht wird, was so nicht mehr geht, und der Blick in eine andere Richtung gehen muss. Gott sorgt für die Kirche, wie ein Vater für seine Kinder sorgt. Es tut dann zwar weh, den eigenen Niedergang zu sehen, doch gibt es dafür an anderen Orten neue Aufbrüche.

Das Scheitern gehört zu dem Weg, den Jesus von uns verlangt: ‚Kehrt um und glaubt an das Evangelium'. Wer umkehren kann, muss zuvor gelernt haben, dass Scheitern ein Notwendiges im Leben und auf dem Lebensweg darstellt. Nur wer scheitern und umkehren kann, kann auch aus dem Scheitern lernen, gewinnen und wachsen.

Dazu gehören sicherlich in der Verarbeitung, die intensiv und gut geschehen sollte, das Klagen sowie Gefühle wie Zorn und Resignation; dazu gehören Tränen und Leere, Abschied; oder wie es der Apostel Paulus formuliert, wenn er sich seiner Schwachheit rühmt: „Er antwortete mir: Meine Gnade genügt dir; denn sie erweist ihre Kraft in der Schwachheit. Viel lieber also will ich mich meiner Schwachheit rühmen, damit die Kraft Christi auf mich herabkommt. Deswegen bejahe ich meine Ohnmacht, alle Misshandlungen und Nöte, Verfolgungen und Ängste, die ich für Christus ertrage; denn wenn ich schwach bin, dann bin ich stark." (2 Kor 12,9f)

2. Den Alltag mithilfe von Ritualen gestalten und prägen

„Jeder Augenblick des Alltags kann eine Erfahrung der ‚Grenze' oder der ‚Schwelle' werden."

(H. Luther)

Hier stellt sich die Frage, inwieweit geistliche Erfahrung, das ‚Wehen des Geistes' nur an bestimmten Hochzeiten und Orten angesiedelt werden kann oder ob nicht der Alltag der Ort ist, wo sich der Geist Gottes seinen Weg bahnt. Inwieweit ist Gott nicht auch von ‚weltlichen' Erfahrungen her zu ertasten? Das Bild vom Weg beinhaltet Prozess und Dynamik. Es ist ein Bild, das nichts Abgeschlossenes hat, sondern das auf das Ende hin offen ist. Insofern ist es zwangsläufig so, dass nicht nur Gott, sondern auch die Erfahrung Gottes und der geistliche Bereich des menschlichen Lebens mehr ist als nur die Kirche oder der Meditationsraum.

Unterwegs sein bedeutet, das Gottesbild ständig zu hinterfragen und Gottes nicht habhaft zu sein, es bedeutet aber auch, offen zu sein für Gott in den kleinen Dingen, im Alltag, nicht nur in den großen Momenten an den Wendezeiten des Lebens, in den Sakramenten oder in Momenten der Not, der Grenze und des Scheiterns.

Was ist Alltag?

Der Begriff ‚Alltag' wird recht unterschiedlich verwendet. Mit Alltag und Alltäglichkeit wurden Zeitdimensionen und Handlungen umschrieben, die zumeist banal oder negativ betrachtet wurden, wobei der Routine auch positive Sichtweisen zuerkannt wurden. Marxismus und Phänomenologie haben zu unterschiedlichen und damit auch positiven Betrachtungsweisen des Phänomens Alltag geführt. Alltag, alle Tage bedeutet nichts anderes als täglich, gewöhnlich. Alltäglichkeit, so der Duden, ist entweder Üblichkeit oder Gewohnheit oder die durch nichts Außergewöhnliches gekennzeichnete, übliche, alltägliche Erscheinung, der alltägliche Vorgang. Philosophisch gesehen ist Alltag eine transzendentalphilosophische Kategorie der ‚Lebenswelt'. Für den Philosophen Martin Heidegger ist ‚Alltäglichkeit' der generelle Zustand, der das Seiende zunächst ausmacht und auszeichnet. In der Soziologie steht Alltag meist für das Normale und Geläufige.

Doch was ist Alltag in der Erfahrung der Menschen heute? Gibt es in unserer westeuropäischen Welt und Gesellschaft den Alltag an sich? Zeichnet sich nicht das Leben des modernen Menschen gerade dadurch aus, dass das Leben und der Lebensweg aus vielen verschiedenen Elementen und Facetten besteht, aus verschiedensten Sonderwelten, die gemeinsam das Leben des Einzelnen kennzeichnen? Der Alltag – ist es die Arbeit in Verbindung mit immer Wiederkehrendem und Gleichem? Ist es die Woche mit Ausnahme des Wochenendes? Zählen die Abende dazu? Was ist das, Alltag? Ist er die Verhinderung von Außergewöhnlichem? Dienen all die vielen kleinen Reisen oder die Spielothek um die Ecke dem Entrinnen des Alltags? Ist auch der Sonntag und die kirchliche Seelsorge sowie die Theologie außerhalb des Alltags? Sind unsere Feste Alltag?

Kiwitz stellt eine Poetisierung und Ästhetisierung des Alltags fest, wodurch im Alltag das Geheimnis und die Tiefe wiederentdeckt werden können. In diese Richtung zielt sicherlich auch der Ansatz des Künstlers Joseph Beuys, dass jeder Mensch ein Künstler ist und seine Kreativität zu nutzen habe. Der Alltag ist der Ort des Subjekts und der hauptsächliche Ort, an welchem die Biographie des Einzelnen geschrieben wird; aufgrund dessen gestaltet er sich vielfältig und mehrdeutig. Er ist der Ort und der Weg des Menschen.

Religion und Alltag – wie gehen beide zusammen, bezieht sich doch die Religion gerade auf Momente und Erfahrungen, die eben nicht alltäglich zu nennen sind? Religion wird in der Fachliteratur oft ergänzend zur Alltagserfahrung bestimmt, so dass die Religion als das sinnstiftende Element für den Alltag mit all seinen Erfahrungen betrachtet wird. Die Religion hat Sinnstiftungskapazität (vgl. Luther, 212). Beide gehören, folgen wir dem Bild vom Wege, zusammen, ohne die Religion allein auf ihre sinnstiftende und damit ordnende

Funktion zu reduzieren noch den Alltag eindimensional auf einen entfremdeten Lebensort einzuschränken, der nicht die wahren und tiefen menschlichen Erfahrungen zulassen kann. Im Alltag läuft das gesamte Leben des Menschen mit, sozusagen als ein Hintergrundwissen, und entsprechend tiefer Erfahrungen wird der Alltag interpretiert und gelebt. Henning Luther verweist auf Jesu Reden in Form von Gleichnissen; hier nimmt Jesus Bezug auf die Alltagswelt und die Lebenserfahrungen seiner Hörer; er redet in ihrer Sprache, nicht über ihre Köpfe hinweg. Dabei benutzt er Gleichnisse und Rätsel, in welchen er genau diese Erfahrungen im Alltag der Menschen durch Überraschungen und Verfremdungen bereichert, um so darauf aufmerksam zu machen, dass sich im Kleinen und Alltäglichen die Erfahrung vom Reich Gottes ereignen kann, indem die Erfahrungen des Alltäglichen durchbrochen werden und die Perspektive des Reiches Gottes durchscheint. Nicht in der alltäglichen Erfahrung ereignet sich dann geistliche Erfahrung, sondern im Durchbruch und Aufbruch der alltäglichen Erfahrung. Im Zuhören ereignet sich für den Hörer das Überraschende, hier kann sich bereits Aufbruch ereignen. Vielleicht wird auch deutlich, dass der Alltag vielfältiger und bewegter ist als angenommen.

Religion und damit Spiritualität darf sich nicht jenseits des Alltags bewegen, will sie den Weg und die Biographie des Menschen ernst nehmen. Der genuine Ort der Spiritualität des Menschen ist der Alltag, somit auch der genuine Ort von Seelsorge und Theologie.

Auf das geistliche Leben übertragen bedeutet das, dass geistliches Leben nicht ein Zusatz zum alltäglichen Leben darstellt, sondern dass es im alltäglichen Leben seinen Platz hat. Frömmigkeit, ein anderes Wort aus der Tradition, ist die Art und Weise, wie der Mensch sein Leben in Beziehung zu Gott lebt. Es ist eine Lebensform in Beziehung. Diese Beziehung, wenn sie wirkliche Beziehung und Freundschaft ist, ist nicht festgelegt auf bestimmte Momente. Sie bedarf natürlich der besonderen Gestaltung und Ausformung, sie bedarf gewisser reservierter Zeiten. Aber es kommt darauf an, dass der Mensch in seinem ganzen Leben versucht, die gelebte Beziehung zu Gott wach sein zu lassen, dass er versucht in der Gegenwart Gottes zu leben, nicht nur im Chor oder in der Kirche. Das hat dann auch Konsequenzen für das Gebet. Es ist die Aufforderung, ‚immerwährend', ‚innerlich' zu beten, stets mit Gott verbunden zu sein. So fordert Bischof Wanke von Erfurt dazu auf, die ‚Mystik des Alltags' wieder neu zu entdecken, die darin besteht, auch in den scheinbar banalsten und unreligiösen Augenblicken des Alltags das Wehen des Atems Gottes zu spüren (vgl. Wanke, 65).

Übergänge und Durchbrüche im Alltag
In den obengenannten Grenzerfahrungen kann sich inmitten der Lebenswelt und im Alltag des Einzelnen solch eine Erfahrung ergeben, indem der Alltag in seiner Gewohnheit und Routine durchbrochen wird, er nicht mehr fraglos und selbstverständlich ist. Somit erscheint Religion an den Rändern des Alltags. „Jeder Augenblick des Alltags kann dann eine Erfahrung der ‚Grenze' oder der ‚Schwelle' werden. Wo eine bisher eingespielte Selbstverständlichkeit an ein anderes stößt: die Begegnung mit einem anderen Menschen, das Erlebnis eines ungewohnten und unerwarteten Ereignisses, die Erinnerung an Vergangenes, das Wachwerden eines Wunsches, die Erfahrung eines Traumes." (Luther, 217) Es sind dies Übergangssituationen, in denen die alte Ordnung nicht mehr zählt und brüchig wird, so z.B. wenn der Wohnort gewechselt wird, wenn sich der Beruf ändert oder innerhalb des Berufs andere Bezugspersonen auftauchen; wenn sich im persönlichen Bereich Beziehungen ändern, abbrechen, neue sich ergeben, wenn einschneidende Lebensentscheidungen oder Ereignisse dem Lebensweg eine andere Rich-

tung geben, wenn sich Phasen im Wachstum und in der Reifung abwechseln. Auch die Sexualität ist im Alltag ein Bereich, an dem sich Übergangserfahrungen ereignen können. Sexualität ist eine Kraft, mit der der Mensch ein Leben lang umzugehen lernen muss. Das rechte Verhältnis zu ihr zu finden, sie in das Leben zu integrieren und die Sexualität vor allem auch in ihren verschiedenen Phasen zulassen zu können, das ist eine Aufgabe, die Ängste und Befürchtungen auslösen kann, der es sich aber zu stellen gilt. Eine gelebte und gereifte Spiritualität bezieht die Sexualität mit ein, denn Spiritualität durchzieht das Leben, somit auch die Sexualität, die dem Menschen von Beginn an gegeben ist. Spiritualität und Sexualität sind untrennbar miteinander verbunden. Intensives Leben ereignet sich vor allem dort, wo diese Beziehung gelebt wird.

Henning Luther nennt zwei Bereiche, in denen sich Übergänge ereignen: zum einen sind es die Passagen des Lebens, sozial oder individuell bedingt; es sind dies Lebensschwellen, die vom Einzelnen gegangen werden und bewältigt werden müssen. Religion kann hier stabilisierend wirken, indem sie die Brüchigkeit und Diskontinuität zu mindern und aufzufangen versucht; oder aber sie kann diese Brüchigkeit und Diskontinuität noch bestärken, die Unterbrechung gestalten und dem Schwebezustand Form und Inhalt geben, mit Hilfe mancher Kasualien oder Rituale. Ein zweiter Bereich ist der der sozialen Bezüge und der sozialen Beziehungen, in welchen der Einzelne lebt, denn diese sind oftmals so vielschichtig und auch vielfältig, dass sie ständige Übergänge provozieren, vor allem dann, wenn diese Lebensbezüge nicht miteinander harmonieren und in einen Konflikt geraten. Der Wiener Pastoraltheologe Paul Michael Zulehner entwickelt eine kleine Phänomenologie der Lebensübergänge, die er in drei Bereiche aufteilt: zum ersten die lebensgeschichtlichen Übergänge mit den verschiedenen Übergängen von einer Lebensphase in eine andere oder dem Wechsel von Beruf, Wohnort etc. oder auch Partnerschaft; zum zweiten die Zeitübergänge wie Jahreswechsel und zum dritten die kollektiven Übergänge, die sich in Gesellschaften, Kulturen und Kirchen ereignen, die dann alle zugehörigen Mitglieder in der einen oder anderen Weise betreffen.

Es wird auf jeden Fall, ob man nun von einer Zwei- oder Dreiteilung der Übergänge spricht, deutlich, dass je mehr unterschiedliche Bezüge der Mensch hat (verschiedene Arbeitsplätze, Familie, Freundeskreis ...), es um so mehr Übergänge und Schwebezustände geben kann. Es gibt mehr Unterwelten, in welchen sich der Einzelne bewegt. Pluralisierung der Lebenswelt des Einzelnen ist hier das Stichwort. Religion kann dann in Form von Kirche eine dieser Lebenswelten unter vielen anderen sein, die eben am Sonntag ihre Verwirklichung erlebt; sie kann aber auch eine integrierende Funktion einnehmen und sich an den Schnittstellen der verschiedenen Lebensbereiche ansiedeln.

Den Übergangssituationen und Passagen ist wohl gemeinsam, ob nun kollektiv oder individuell, dass sie z.T. Ängste auszulösen vermögen, dass Trennung und Schmerz eine große Rolle spielen, dass sie mit Bindungen und Loslassen zu tun haben. Je pluraler die Gesellschaft ist, desto größer wird die Herausforderung an den Einzelnen, seine eigene Biographie im Alltag und alltäglich gestalten zu müssen und gleichzeitig mit den Übergangssituationen fertig zu werden. Dabei ist der Wunsch nach Sicherheit und Verlässlichkeit eine Triebfeder, zugleich aber auch ein Hemmschuh, der u.U. Übergangssituationen erschwert und das Loslassen und Hineinwachsen in die neue Situation belastet.
Natürlich ist eine biographische Sichtweise der Dinge schwer, da die subjektiven Deutungssysteme und die realen Lebenssysteme so miteinander in Beziehung zu setzen sind,

„dass das mehrseitige Bedingungs- und Wechselwirkungsverhältnis von Individuum, Person und Institution, Selbstentwurf und Fremdbestimmung, das Verhältnis von Zeitlichkeit des individuellen Lebens und von Geschichtlichkeit der Lebenswelt entschlüsselt werden kann" (Failing, 163).

Rituale
Im Leben eines jeden Menschen, auf seinem Wege gibt es Grenzerfahrungen, gibt es immer wieder die gleichen Deutemuster, um Erfahrungen einordnen zu können. Auf dem Lebensweg eines jeden gibt es bestimmte Grundmuster und Gesetze, die vom Lebenszyklus her gesetzt werden. Diese sind häufig verbunden mit Krisen, mit Schwellen, Übergängen und Wendepunkten. Hier ist der Ort der Religion, am Rande und inmitten des Lebens des Einzelnen. Hier gilt es Rituale und Kasualien zu entwickeln, die den Betreffenden helfen, mit den ungewohnten, neuen und oftmals beängstigenden Erfahrungen im Alltag umzugehen. Der Mensch erlebt sich auf seinem Wege als unabgeschlossen, als bedroht, als defizitär, gleichzeitig aber auch u.U. als flexibel, als beschenkt und offen. Krisenerfahrungen und Übergangserfahrungen sind in ihrer jeweiligen Ambivalenz zu betrachten und auch zu eröffnen.

Die christliche Spiritualität hat das Potential, sinnstiftend zu sein und vor allem angesichts der Bedrohungen menschlichen Lebens Halt und Interpretationshilfen zu geben. Dies wird in der Geschichte deutlich an den Sakramenten und den Kasualien, die sich an bedeutenden Momenten im Lebenszyklus des Einzelnen angesiedelt haben: zur Geburt, inmitten des kindlichen Heranreifens und der Pubertät (wobei sich natürlich die Frage stellt, ob Kommunion und Firmung ihren adäquaten Ort im Alter von 9 bzw. 14 Jahren haben), zur festen Bindung an einen Partner oder eine Lebensform, in Krankheit und Tod. Doch hat sich in der Zwischenzeit ein differenzierter und weitaus uneindeutiger Lebenszyklus und -wandel in der

Moderne entwickelt, der sich nicht mehr allein auf biologische Wendepunkte im Leben des Menschen bezieht und dem es Rechnung zu tragen gilt. Die Sakramente und ihre Orte sind nicht überholt, doch bei weitem nicht mehr die einzigen Orte von Krise und Übergang, von Möglichkeit, dem Geheimnis und dem Transzendenten zu begegnen.

Der ganze Alltag ist der Ort, an welchem in Krisen- und Übergangssituationen Geheimnis und Gott ihren Platz haben. Rituale sind dabei von enormer Bedeutung, denn sie geben Halt und vermitteln in ihrer Symbolgestalt Möglichkeiten der Verarbeitung und der Begegnung. Rituelle Begehungen ermöglichen religiöse und geistliche Erfahrungen.

Die gelebte Lebensgeschichte gilt es zu berücksichtigen. Rituale vermitteln dabei, daß bei aller Aktivität und Freiheit, bei aller Selbstbestimmung und allem Engagement der Mensch auf einem Weg ist, den er allein nicht im Griff hat, der sich noch aus anderem speist als aus ihm selbst, der schließlich auch ein Weg innerhalb einer Gemeinschaft von Menschen ist. Rituale, vor allem innerhalb der Kasualien und Sakramente, machen deutlich, dass es einerseits um den ganz spezifische Lebensweg des Einzelnen geht und dass dieser sich andererseits in den Tiefenerfahrungen kaum von den Wegen anderer unterscheidet. „Sie vermitteln Erfahrung als Erfahrung einer mit vielen geteilten Lebenswelt" (Failing, 226). Rituale im Alltag schaffen Ordnung im Chaos. Sie bringen Sicherheit und Ruhe in manchmal unüberschaubare Lebensprozesse. Sie sind Regulativ gegen Stress, gegen immer wieder thematisierte Problematiken, sie verschaffen Lebensfreude mitten im Alltag.

Der Mensch braucht Rituale, die ihm das Leben deuten, die es auf den Punkt bringen und am Rande des Alltags das Geheimnis und die Transzendenz durchstrahlen lassen. Und das ist die positive Kehrseite dessen, was wir u.a. mit Alltag bezeichnen. Ein jeder Mensch hat Gewohnheiten, seinen Tag zu gestalten; wann mache ich was, wie gehe ich vor – und ein jeder, wenn er genau hinsieht, wird feststellen, dass sich manche Gewohnheiten ritualisiert haben. Sie laufen immer nach gleichem Schema ab, sie geben dem Alltag Sicherheit und ein festes Gefüge. Werden sie durcheinander gebracht, wird es schwierig, damit umzugehen. Wir haben unserem Leben eine persönliche Ordnung gegeben, an der wir festhalten, die uns hält. Rituale im Alltag sind eine eminent wichtige Form, Problemen, die Übergänge, Passagen und Schwellen ausstrahlen, zu begegnen und mit ihnen in einer positiven Weise, ohne vor ihnen davonzulaufen, umzugehen. Schon die morgendlichen Rituale prägen den Menschen für den Tag. Sie sind Spiegel für den Umgang mit der Welt. Rituale schaffen Bezug zu Ereignissen und Situationen des Lebens. Sie haben die elementare Funktion, das Leben des Einzelnen zu erzählen und den Erzählstrang zu gestalten und zu tragen. Sie sind die Schnittstellen von Zukunft, Gegenwart und Vergangenheit – sie sind ebenso wie die ihnen innewohnenden Erfahrungen Meilensteine auf dem Lebensweg des Einzelnen. Rituale stellen Beziehungen her, nicht nur zur eigenen Geschichte oder zur erhofften Zukunft, vielmehr auch zur Gemeinschaft, zur Kultur, zum Lebensraum und zur Gesellschaft bzw. in den sozialen Gruppen, in denen der Mensch sich bewegt und die er mitgestaltet. Rituale stiften insofern Identität und Zugehörigkeit. „Sie regeln nicht nur unseren Alltag in Form von Gewohnheiten, unsere Kommunikation und unseren Umgang untereinander durch unbewusste Botschaften, unser Familien- und Betriebsklima, sondern auch den Umgang mit uns selbst, unseren Gefühlen, unserem Glauben, unserer Lebensphilosophie. Dieses Gerüst aus offiziellen oder ‚selbstgestrickten' Regeln scheint uns Halt, Orientierung und Sicherheit zu vermitteln" (Ressel, 151). Gleichzeitig ermöglichen Rituale eine Balance zwischen Lebensformen, Kräften und verschiedenen Blickwinkeln; sie verweisen auf anderes und lassen das Leben in seiner Zwiespältigkeit und Brüchigkeit zu. Unser persönliches und vor allem auch unser gemeinschaftliches Leben ist geprägt von Regeln und Gewohnheiten, von Ritualen.

3. Umformen: Das Gestaltprinzip geistlichen Lebens

„In gelebter Spiritualität geht es immer wieder um eine Form oder eine Gestaltgebung."

(K. Waaijman)

Geistliches Leben und Alltag, geistliches Leben als Weg – das beinhaltet Wachstum, Reifung, so dass das ganze Leben unabgeschlossen vorwärts geht, der Perspektive der Verheißung entgegen und im Vertrauen auf den Geist, der geistliches Leben ermöglicht. Dieses Wachstum und die geistliche Reifung können nur gelingen, wenn sich der Mensch vertrauensvoll auf den Weg einlässt, den Gott mit ihm gehen will, wenn der Mensch sich bewusst ist, asketisch übend und einübend aktiv zu sein und gleichzeitig passiv hörend, empfangend und geschehen lassend. Wachstum im geistlichen Leben bedeutet, die Grenzerfahrungen und Schwellen, die Passagen und die Erfahrungen des Scheiterns nicht einfach nur hinzunehmen, geschweige denn sie zu verneinen, sondern sie als Punkte zu nehmen, die aussagen, wie ernst, tief und vielfältig das Leben ist. Sie sind Chancen geistlichen Lebens und Wachsens, ohne sie harmonisieren und allzu schnell auf das Kreuz Christi verweisen zu wollen mit der Aussage, dass alle Leiden nichts im Vergleich zum Kreuz seien. Das meint ein Wachstum angesichts der Erfahrungen von Scheitern allemal nicht. Ein geistliches

Leben, das Scheitern ernst nimmt, versucht Schuld und Tod, den endgültigen wie auch die vielen kleinen Tode im Alltag zu integrieren, sie nicht zu überspringen und die Gunst der Stunde zu nutzen, d.h. nicht Prozessen vorzugreifen oder Entwicklungsstufen zu überspringen. Geistliche Prozesse, somit auch die Wachstumsprozesse, verlaufen nicht geradlinig und stromlinienförmig.

Ein Stichwort, das den geistlichen Prozess sehr gut und präzise auf den Punkt bringen kann, ist ‚Umformung'. Wenn geistliches Leben nichts Abgeschlossenes darstellt und einen Weg markiert mit Anfang und Ende, mit Ausgangspunkt und Ziel, mit Unwägbarkeiten und Scheitern, dann ist geistliches Leben stets mit der Aufgabe versehen, sich den Herausforderungen des Lebens zu stellen und diese im Lichte des Glaubens und mit dem Maßstab des Lebens Jesu zu deuten. Das wiederum bedeutet nichts anderes, als sich von den Erfahrungen auf dem Wege umformen zu lassen, sie zu verinnerlichen und sich mit ihrer Hilfe neu auf den Weg zu machen. Mit dem Begriff der ‚Umformung' (entnommen vom Ansatz des TBI in Nijmegen) soll versucht werden, die polare Struktur von Askese und Mystik als einen spirituellen Prozess einerseits und die polare Struktur des Begegnungsgeschehens zwischen Gott und Mensch andererseits zusammenzufassen. Beide polaren Verhältnisse sind Spannungsverhältnisse, und vor allem in der Geschichte der Theologie und Frömmigkeit gab es Rivalitäten und einseitige Verschiebungen im Verhältnis von Askese und Mystik. Das Verhältnis von Gott und Mensch ist polar, ist einfach und schwierig zugleich; es ist nicht harmonisch in den Griff zu bekommen.

Es geht in der ‚Umformung' immer um ein dialogisches Geschehen zwischen Mensch und Schöpfung, zwischen Mensch und Mensch, zwischen Mensch und Gott. Es geht um eine allmähliche Verinnerlichung und auch Festigung der eigenen Grundeinstellung, in der christlichen Spiritualität um die Verinnerlichung des Verhältnisses Jesu zu seinem Vater und das Einschwingen in den Weg der Gottesbegegnung in allen Dingen; ein nicht endender Prozess der Aufnahme göttlichen Lebens in alle Ebenen des Bestehenden, ein geistlicher Prozess, der sich spiralförmig entwickelt und alle Niveaus und Dimensionen der menschlichen Existenz umfasst.

Der Begriff der Umformung

‚Um-form-ung' hat drei Bedeutungsebenen, die sich den drei Silben des Wortes zuordnen lassen und die im Folgenden kurz beleuchtet werden: „1. Spiritualität impliziert eine Form von Leben. 2. Dabei ist das konkrete Subjekt in einem Prozess. 3. Es ist die Rede von einer Interaktion zwischen dieser Lebensform und dem konkreten menschlichen Subjekt." (übersetzt nach: Waaijman, 92)

1. Zunächst ist da die Form, die die Mitte dieses Begriffs bildet: Im geistlichen Leben und auf dem Lebensweg des Einzelnen geht es um Erfahrungswege, die z.T. durch Generationen von Menschen hindurch so intensiv gegangen worden sind, dass sie ihren Niederschlag in Formen fanden, die dann für andere Generationen ein Zugangsweg zu solchen oder ähnlichen Erfahrungen wurden. Diese Formen können breit verstanden werden, so z.B. die benediktinische oder franziskanische Frömmigkeit und Lebensideale oder die talmudische Frömmigkeit innerhalb des Judentums; anders, ‚kleiner' verstanden, sind sie das kleinste Ganze innerhalb einer Frömmigkeitsrichtung, so z.B. eine Körperhaltung, eine Zeiteinteilung, ein Raum oder eine Begegnung. In gelebter Spiritualität geht es immer wieder um eine Form oder eine Gestaltgebung bzw. -findung (vgl. Waaijman, 92f). Jedes Leben in einer Frömmigkeit besteht aus Formen, die übernommen worden sind und sich langsam herauskristallisiert haben, die viel-

leicht vom Betreffenden oder von einer Gruppe neu gestaltet worden sind. In diesen Formen kommt die Grundeinstellung der Einzelnen zum Ausdruck. Die Formen sind Ausdruck einer ganz bestimmten Haltung. Nun gibt es innerhalb dieser Formen Spannungen: systeminterne Spannungen sowie Spannungen, die die Form dynamisieren. Dies kann das Wertesystem sein, das den Hintergrund einer Form bildet; das können die Subjektivitätsstrukturen des Einzelnen sein – beide können miteinander konkurrieren oder passen nicht zusammen; es findet eine Konfrontation und eine Auseinandersetzung statt – das kann schließlich die Diachronie, die ‚Nicht-Zeitgemäßheit' einer Form sein. Die ‚gefährliche Erinnerung' des Neuen Testamentes, die vor allem J. B. Metz in seinen Schriften intensiv dargelegt hat, ist der Stachel auf dem spirituellen Weg des Einzelnen sowie der Kirche, stets Spannungen diachronischer Art herbeizuführen und auch zu fördern. Es geht um einen gelebten Weg, auf dem sich Formen ändern, eben umgeformt werden können. Hier wird der Wegcharakter geistlichen Lebens sehr deutlich; einmal gefundene Formen gelten nicht unbedingt für das ganze Leben, sie können sich ändern, können umgeformt werden. Der geistliche Weg ist unabgeschlossen, muss reflektiert und gerade in seiner ‚Formverhaftetheit' überprüft und gegebenenfalls verändert werden.

2. Die Endsilbe ‚ung' drückt zunächst Handlung aus und diese Handlung kann mehr aktiv oder mehr passiv sein; sie kann gestaltet oder erlitten werden: ich forme um, oder ich werde umgeformt. Es geht bei beidem um das menschliche Subjekt, um eine konkrete Person, die umgeformt wird oder sich umformt. Das Subjekt steht in dem Prozess der ‚Umformung' im Zentrum, nicht die Form, diese ist Mittel. Es geht um die konkrete Verbindung des Einzelnen mit den Formen. Das Moment der gelebten Spiri-

tualität findet sich also auch in der Reflexion wieder. Jeder Mensch hat seine eigene Spiritualität, die im Laufe seines Lebensweges gewachsen ist, seine eigene Grundinspiration und Ausrichtung, seinen eigenen ‚Geist'. Diese Spiritualität ist gewachsen und umgeformt worden aus bewussten Entscheidungen heraus, aus unbewussten Übernahmen, aus Gelerntem und Eingeübtem, aus umgeformten Lebensweisen. So ist die Person eines Menschen stets in Umformungsprozessen involviert; stets neu muss der Einzelne sich selbst definieren und sein Wertesystem in Formen umsetzen, auch auf dem christlichen Wege.

3. Die Silbe ‚um' schließlich als erster Teil des Wortes ‚Umform-ung' hat im Deutschen oftmals die Konnotation der Veränderung: etwas um-ordnen, um-strukturieren, umschichten. Sie beinhaltet Ganzheitlichkeit, etwas, das alles berührt und umgibt: um-spülen, um-geben, um-fassen. Schließlich kann diese Silbe etwas andeuten, das alles durchzieht: um-pflügen, oder etwas zu einem Ende bringt: um-kommen. So bringt diese Silbe den Dialog zwischen der Form und dem Subjekt zum Ausdruck. In der Konfrontation mit einer Form ereignet sich beim Subjekt etwas, das zu einer Übernahme, zu einer Veränderung, zu einer Neuformulierung einer Form führen kann, eben bis hin zu einer vollständigen Formveränderung; die eine Form löst die andere, die alte, ab. Eine völlige Verinnerlichung einer Form ist dabei das Ziel, wobei Verinnerlichung bedeutet, dass diese Form wirklich zu mir passt, mir und meiner Spiritualität entspricht.

Der Begriff der Umformung beinhaltet die Vorstellung, dass Spiritualität und der geistliche Weg nichts einfach Übergestülptes oder endgültig Fertiges darstellen, im Gegenteil: Der geistliche Weg des Menschen ist ein dynamischer Prozess, der den Menschen nicht in Ruhe lässt. Es ist ein Prozess, der den Menschen zu einer Überein-

stimmung von Form, Inhalt und Grundausrichtung seines Lebens führen will. Der Prozess ist für den Christen die fortwährende Umformung hin zur Vereinigung mit Gott, eine Umformung mit Ziel, Inhalt und Formen, ein Weg mit einer Vorwärtsstruktur und Bewegung.
Der geistliche Weg ist dabei der Weg im Alltag, im Scheitern, in und mit den vielen bewussten und unbewussten Ritualen.

Alltag und Ritual sind entscheidende Größen für geistliches Leben. Der Alltag ist der Ort des geistlichen Lebens, das Ritual ist eine Form, die den Alltag mitformt, ihn gleichzeitig durchbricht und bewältigen hilft.
Im Alltag findet der Prozess der Umformung statt; im Ritual findet die Umformung ihren Ausdruck.

Fragen zur persönlichen Reflexion
- Wie gehe ich mit Scheitern um, mit den bittersten Momenten meines Lebens?
- Wie gestalte ich meinen Alltag?
- Was sind willkommene Unterbrechungen?
- Welche Rituale sind in meinem Leben wichtig, welche Formen lebensnotwendig?

III. KREATIVITÄT, KUNST UND DER GEISTLICHE WEG

Auf dem Wege des christlichen Glaubens macht der Mensch seine Erfahrungen. Gleichzeitig versucht er diese seine Erfahrungen umzusetzen bzw. mit den Erfahrungen anderer zu konfrontieren, um Gewissheit zu erhalten oder die eigene Erfahrung zu relativieren und einzuordnen. Drei Grundkräfte, früher unter dem Begriff der ‚Schönen Künste' bekannt, können dem Menschen helfen, seine Erfahrungen zu verstehen, sie einzuordnen oder ihnen gar Ausdruck zu verleihen. Schaut man sich die Mystiker an, dann ist ihre Sprache der Sprache der Dichtung sehr verwandt, ja, sie ist poetische Sprache, durch und durch. Oder Musik – sie vermittelt für viele die Erfahrung von Tiefe, von Spiritualität, von Gefühlen, die in ihrem eigenen Inneren sind, denen es nur im alltäglichen Leben an Ausdrucksformen mangelt. Mithilfe mancher Musik werden Erfahrungen, gerade auch geistliche Erfahrungen, gedeutet, u.U. auch gemacht. Und die darstellende Kunst – sie visualisiert, oft auf sehr provozierende Weise, Erfahrungen und Anfragen an Erfahrungen, sie ist genauso Ausdrucksmittel der Wegerfahrung menschlichen Lebens und damit auch des Glaubenslebens. Die Kunst ist Mittlerin zwischen Verstand und Gefühl, Vergangenheit, Gegenwart und Zukunft, Geschichtlichkeit und absolutem Sein. Sie findet ihre Erfüllung nicht schon im Können, sondern erst im Künden, so dass Darstellung, Interpretation und Auseinandersetzung notwendig zum Kunstwerk hinzu gehören.

Künstler, Dichter, Musiker und Theologen haben eine große Nähe zueinander, denn sie beschäftigen sich alle mit dem Leben, den Tiefen des Lebens und dem Geheimnisvollen des Lebens; sie versuchen, die Tiefenschichten menschlichen Lebens anzusprechen und auszudrücken.

Ist die Kunst die Chance der Religion? Ist sie das Mittel, dass Religion und vor allem die Kirchen dem Verfall entgehen können? Ist Kunst immer schon religiös, weil sie die Dimension und Komponente der Transzendenz in den Blick nimmt und den Menschen dazu anregt, sich auf Transzendenz hin zu öffnen? Papst Johannes Paul II. greift in einem Brief an die Künstler dieses Phänomen auf, indem er den Künstler als das Abbild des Schöpfergottes bezeichnet. Wird hier der Künstler nicht allzu sehr religiös und christlich vereinnahmt?

Mit der Abwendung von den Kirchen findet eine Hinwendung zu allem Erlebnis- und Erfahrungsorientierten statt, gleichzeitig bedeutet das auch eine Hinwendung zur Kunst in ihren verschiedensten Facetten, so dass der Künstler Johannes Schreiter in diesem Zusammenhang von der Kunst als dem Lebenselexier des Konsumproduktionssklaven des 20. Jahrhunderts spricht. Für Schreiter ist die Kunst ein Existential inmitten der Ortlosigkeit unserer Zeit und Gesellschaft. „Im Umgang mit ihr erfolgt nicht nur die vielzitierte Sensibilisierung, die Scharfstellung und Differenzierung des menschlichen Sensoriums, sondern die für uns so lebenswichtige Identitätsreifung des Ichs. Sie ist sozusagen der Sand im Getriebe der erbarmungslosen Nivellierungs- und Vermassungsmaschinerie. Das schlägt in einer Welt, in der es beinahe nur noch möglich ist, man zu sein, enorm zu Buche." (Schreiter, 228f)

Spiritualität und Kunst

Findet sich die christliche Spiritualität in der Kunst nur dort, wo der Betrachter, Hörer oder Leser sie zu entdecken meint? Ist jedem Kunstwerk Spiritualität zu eigen oder nur, wenn der Künstler sie ausdrücklich proklamiert und postuliert? Findet sich die Spiritualität im Kunstwerk nur dort, wo ein Prozess zwischen Betrachter, Hörer, Leser sowie dem Werk initiiert wird, unabhängig von der Intention des Künstlers? Eignet jedem Kunstwerk in sich Spiritualität? Was ist eigentlich das Spirituelle in der Kunst?

Für Wieland Schmied ist Spiritualität „das geheime Kennzeichen aller wahrhaft großen Kunst dieses Jahrhunderts" (Schmied, 133). Das bedeutet aber nichts anderes, als dass es in der Kunst darauf ankommt, die Werke sprechen zu lassen, nicht schon von vornherein mit einer bestimmten Lese- und Betrachtungsbrille an sie heranzugehen, um das Religiöse, Spirituelle oder Christliche zu finden. Spiritualität und Kunst zu verbinden, bedeutet dann, sich dem Werk zu stellen und es sprechen zu lassen, den Prozess zu wagen und sein eigenes Leben mit dem des Werkes zu verbinden.

Kann man die Spiritualität überhaupt exakt in der Kunst festmachen, oder sind es nur einfach Ahnungen? Muss deshalb jedes Kunstwerk Aufnahme finden? Tiefe und Dichte können mögliche Kriterien für das Spirituelle bzw. für die spirituelle Relevanz der Kunst sein, überall dort, wo die Frage nach Mensch und Welt thematisiert wird. Sicherlich kann man nicht erwarten, dass die Kunst das theologische Weltbild rechtfertigt oder darstellt, eher im Gegenteil. Kunst entdeckt die Motive hinter den Motiven, die Werte hinter den Werten, sie ist niemals Handlanger einer Ideologie oder Institution, dann würde sie sich pervertieren. Kunst lässt die Unfassbarkeit der Wirklichkeit erahnen. Insofern kann Spiritualität auch nicht am Gebrauch der allseits akzeptierten religiösen Symbole festgemacht werden, eher sogar im Gegenteil.

Kunst und Kirche

Kunst und Kirche haben heute zweierlei gemeinsam: Sie haben Artikulationsschwierigkeiten, und man versteht sie oft nicht. Für Egon Kapellari ist die Kunst für die Kirchen lebensnotwendig. Fehlt der Dialog und die Auseinandersetzung mit ihr, fehlt sie innerhalb der Kirchen und des Glaubensgeschehens, ist es um die Kirche geschehen. „Wenn aber in der Kirche der Brunnen der Ästhetik und der von ihr genährten Phantasie vertrocknet, dann drohen auch die ethischen Energien sich zu mindern oder ideologisch missbraucht zu werden." (Kapellari, 41) Die Kirche braucht die Kunst, denn nirgends spricht sich das Lebensgefühl der Menschen heute besser aus als in der Kunst. Ob die Kunst allerdings auch die Kirche braucht?

Kapellari stellt im Anschluss an seine Ausführungen einige Imperative auf, die sich vor allem auf die praktische Begegnung des Christen mit der Kunst von heute beziehen. Er fängt damit an, dass der Mensch von heute wieder hören, lesen und schweigen lernen müsse, um die Dinge so betrachten zu können, wie sie sind. Das eigene kulturelle Erbe sollte wieder zugänglich werden, denn Kirche und Glaube haben sich über Jahrhunderte hinweg mit der Kunst in der Architektur und in der Literatur verbunden. Wer dieses eigene Erbe nicht kennt, so Kapellari, der kann sich auch vor interessierten und anspruchsvollen Fernstehenden keine Achtung und kein Gehör verschaffen. Über Schönheit und Stil in der Kleidung, in der Ausstattung von Räumen etc. kommt er auf die Liturgie zu sprechen, in welcher die Symbole wieder sprechen lernen sollten und die Sprache der Verkündigung eine Sprache sein müsse, in der Ehrfurcht vor dem Wort herrsche. Schließlich postuliert er den ständigen Dialog mit Künstlern und Andersdenkenden, um die eigene künstlerische Fähigkeit zu entdecken und sich auseinander zu setzen mit sich selbst, dem anderen und dem ganz Anderen.

Wieland Schmied behauptet gar, dass Spiritualität und Kunst unweigerlich zusammengehören. Nur die Frage der Spiritualität wird den Menschen ins Zentrum aller Kunst führen, „nur von der Erkenntnis ihrer Spiritualität her wird sich die Kunst unseres Jahrhunderts in ihrer Qualität, wie in ihrer Fülle ganz erschließen" (Schmied, Spiritualität, 113). Kunst ist immer Entwurf von Gegenwelt und Utopie. Schmied macht dies insbesondere an Paul Cézanne mit seiner umfassenden Vorstellung von Kunst als gläubiger Katholik fest. Auch Wassilij Kandinsky, der als einer der Pioniere des Abstrakten gilt, ist in diesem Zusammenhang zu nennen. 1911 erschien seine programmatische Schrift ‚Das Geistige in der Kunst'. Für Kandinsky lebt der Mensch, zur Zeit seiner Niederschrift, in einer Zeit des Übergangs: von einer materialistischen Epoche hin zu einer Epoche des großen Geistigen. Es gilt in dieser Zeitenwende zu erkennen, was gültig und notwendig ist. Die Kunst vermag der große Künder dieser geistigen Epoche sein, Künder des Heiligen Geistes, der nur ungegenständlich zu vermitteln ist.

Viele Kunstwerke verweisen auf das Numinose und verlangen Andacht. Wer sie verstehen will, muss sich mit Beharrlichkeit und ohne Vorurteile auf sie einlassen. Ein oftmals hinderlicher Grund, sich auf Kunstwerke einzulassen, stellt die allzu schnell vorhandene christliche Brille dar. Wieland Schmied schreibt treffend: „Kunst hat religiöse Züge – wenn auch nicht konfessionelle" (Schmied, 119). War im Mittelalter die Gesellschaft christlich geprägt und war Kunst zwangsläufig ein Rad in diesem einheitlichen Weltbild, so ist es heutzutage anders. Der Künstler muss eine Theorie, seine Theorie entwerfen, um fragenden Menschen Orientierung zu geben oder um verstanden zu werden.

Kunstwerke heute sind wesentlich autonomer, weil ein gemeinsamer Sinnzusammenhang fehlt. Spiritualität zeigt sich für Schmied in der Kunst des 20. Jahrhunderts sowohl in den Mitteln wie auch in den Motiven, in der Form, im Thema etc. und ist vom ganzen Werk dadurch nicht mehr zu lösen, denn: „Von der einen Stelle aus, durch die das Geistige eintritt, empfängt das ganze Werk seinen Glanz und seinen Rang"

(Schmied, 129). Spiritualität lässt sich mit Mitteln und Formen zeigen, thematisch und gestalterisch. Sie kann auch in den Dimensionen – gerade auch in der Kunst – von Raum und Zeit erscheinen.

In den folgenden Ausführungen soll in aller gebotenen und damit auch verengenden Kürze der Versuch unternommen werden, aus dem Bereich der Literatur, der Musik und der darstellenden Kunst jeweils einen Künstler herauszugreifen, der in seinem Werk eine Verbindung von Kunst und Glauben, von Kunst und Literatur bewusst hergestellt hat. Es ist eine Möglichkeit, den eigenen Glauben und die eigene Spiritualität zu hinterfragen und mit den Gedanken der Künstler und mit ihren Werken zu konfrontieren, um so auf dem Lebensweg ein Stück voranzukommen. Es kann auch eine Möglichkeit sein, einfach etwas innezuhalten oder sich Anregungen für die eigene Kreativität zu suchen, um einfach zu genießen und sich dem Kunstwerk auszusetzen, es aktiv und passiv aufzunehmen, wie es in einer kombinierten Haltung von Mystik und Askese auch im Glauben und in der spirituellen Umformung geschieht. Heinrich Böll, Olivier Messiaen und Joseph Beuys sollen in einzelnen Werken oder in ihrem Gesamtbezug zur Spiritualität in kurzen Hinweisen zur Sprache kommen. Es geht dabei nicht um eine theologische Auseinandersetzung oder Klarstellung bzw. Abgrenzung. Sicherlich ließe sich einiges dazu sagen und vor allem auch korrigieren, aber in ihrer Provokation und in ihrer Auseinandersetzungskraft haben die drei Künstler mehr zu sagen als dies ein theologischer Disput mit ihnen klären könnte. Manches ist stark vereinfacht, manches stark pointiert, manches theologisch nicht klar, doch darum geht es im Folgenden nicht. Nicht allein das, was klar, was richtig ist, hat Anspruch, auf dem geistlichen Weg des Einzelnen und der Gemeinschaft der Gläubigen Beachtung zu finden, im Gegenteil, erst über das Ungewöhnliche und Herausfordernde stolpert der Einzelne auf seinem Weg und beginnt, sich damit auseinander zu setzen.

1. Spiritualität und Literatur: Heinrich Böll

„Frömmigkeit schützt vor gar nichts, wenn sie sich nicht mit Verantwortung in der Welt und für die Welt verbindet."
(M. Nielen)

Der evangelische Theologe Gerhard Ebeling versteht die Grundsituation des Menschen wesentlich als ‚Wortsituation'. Der Mensch ist derjenige, der der Sprache mächtig sein kann und sich in Sprache bewegt, sich mit Sprache verständlich macht und in Sprache erlebt. Der Mensch erfährt und denkt in Sprache, er kommuniziert mit anderen in Sprache. Der Mensch erfährt sich angegangen und so als Empfänger, als derjenige, der vom Geschenk des Wortes lebt und sich zu verantwortlicher Antwort aufgefordert sieht. Der Philosoph Hans Georg Gadamer sieht in der Sprache das notwendige Medium, mit dessen Hilfe der Mensch das Sein und das Leben überhaupt erst verstehen kann: „Sein, das verstanden werden kann, ist Sprache."[5] Damit liegt er ganz in der Tradition der angelsächsischen Sprachanalytik, für die alles geistliche Erkennen sprachlich ist. Die Sprache ist die Voraussetzung und die Möglichkeit der Erkenntnis.

Die Sprache und das Wort

Ein Modus, in dem sich Lebenserfahrungen von Menschen äußern, ist die Sprach-Kunst, die Literatur. Sie beinhaltet dargestellte und gedeutete Erfahrungen von Menschen, Verstehensversuche von Erlebnissen und Erfahrungen, in Sprache gebracht. Durch die Artikulation werden die Erfahrungen auf eine Ebene gehoben, die Distanz ermöglicht. „Wenn Erfahrung reflektiert wird, wird sie ‚zur Sprache gebracht'. Sprache ermöglicht das typisch menschliche, freie, distanzierte Verhalten zur Um-Welt, das diese zur Welt erhebt. Sie ermöglicht die Ordnung der als vielfältig erlebten Wirklichkeit durch das Benennen." (Schwens-Harrant, 28)

Zur Sprache gebrachte Erfahrung nun äußert sich nicht in einer Informations- oder gar Wissenschaftssprache. Diese reicht sicher nicht aus, um den Erfahrungsschatz angemessen ausdrücken zu können. Die Sprache der Erfahrung ist eine Sprache, die Spielraum lässt, die deutet und mit den Deutungen Möglichkeiten eröffnet; sie ist eine Sprache, die vieldeutig sein muss. Diese Sprache spricht die Literatur. Die Sprache der Poesie und der Literatur ist keine Mitteilungssprache, vielmehr will sie Wirklichkeit eröffnen und bilden (allein schon durch die zweckfreie Dimension ästhetischer Texte), d.h. Literatur ist nicht einfach eine Sammlung von Wörtern, Geschichten und Texten. Literatur ist mehr als das, sie will als kommunikative Tätigkeit verstanden werden: eine Kommunikation zwischen Autor und Text, zwischen der Zeit und der Geschichte und dem Text und vor allem zwischen dem Leser und dem Text. Literatur hat eine zutiefst kommunikative Grundstruktur.

In der Literatur kleiden sich menschliche Erfahrungen in das Gewand der Sprache und stiften Sinn, fragen nach Sinn, sind damit theologisch und vor allem auch spirituell relevant. In dem geschriebenen Wort finden sich Erfahrungen von Menschen der Gegenwart. Literatur lebt aus Erfahrungen und Deutungen von Erfahrungen, aus der Lebensgeschichte des Autors, aus der Menschheits- und Kulturgeschichte. Literatur ist in Sprache umgewandelte und verarbeitete Erfahrung, die in einem kommunikativen Prozess den Leser zu neuen Erfahrungen animieren kann.

Es werden Lebensmodelle beschrieben, die dem Leser zur Eigenreflexion dienen können; oft kommt es aber auch vor, dass die Lebensmodelle der Leser in Frage gestellt werden. Hier kann sich ein Gespräch mit der Theologie ereignen. Schnittpunkt eines möglichen Dialogs ist der Mensch mit seinen Erfahrungen in der Welt von heute.

Literatur und der Leser
Dichtung ist ein verantworteter und existentieller Umgang mit der Sprache und gehört zum Grundbestand der menschlichen Kultur. Sie ist so alt wie die Menschheitsgeschichte. Man kann sicherlich analog zur Religionsgeschichte sagen, dass die Menschheitsgeschichte auch eine Geschichte der Dichtung ist, sofern die Sprache des Menschen ureigenste Möglichkeit ist, sich auszudrücken und seinem Inneren Form zu verleihen (analog dazu ist Menschheitsgeschichte immer auch schon Kunst- und Musikgeschichte, als die Dimensionen, die den Menschen im Innersten anzurühren vermögen und mit Hilfe derer er sein Innerstes zum Ausdruck zu bringen versucht). In der Dichtung spricht sich aus, was den Menschen überhaupt auszeichnet. Der Mensch tritt aus dem Gegebenen heraus und ihm gegenüber. Er schafft sich seine eigene Welt innerhalb und aus der ihm gegebenen Welt; wichtigstes Werkzeug dabei ist die Sprache. Der Dichtung kommt in diesem Prozess die Nachahmung zu; sie ist immer auch Nachahmung der Wirklichkeit. Dies ist eine der ältesten Bestimmungen dessen, was Dichtung meint: Nachahmung der Wirklichkeit, Mimesis. In diesem Nachahmungsprozess filtert und selektiert die Dichtung; sie wählt aus und vereinseitigt. Sie verdichtet die Erfahrungen des Einzelnen und/oder der Kultur und übersteigt damit eine simple Geschichtsschreibung. Nachahmung bezieht sich dabei auf den ganzen Prozess der Menschheitsgeschichte, d.h. Vergangenheit, Gegenwart und Zukunft. Sie wechselt die Ebenen und Per-

spektiven, sie lockt den Leser, sich auf seinem Wege zu besinnen, innezuhalten und das Gelesene mit dem eigenen Leben in Einklang zu bringen bzw. sich herausfordern zu lassen. Doch Dichtung ist mehr als nur Nachahmung, um diese klassische Kategorie zu sprengen. Dichtung bildet Leben ab, indem sie auswählt, komprimiert, steigert. Dichtung erfindet Leben. Gleichzeitig, und das ist in unserem Zusammenhang bedeutsam, gibt Dichtung Lebensdeutung.

Der Leser schreibt sich mit dem Text u.U. sein Leben neu und anders. Er schreibt den Text mit seinem Leben fort, d.h. ein Text und eine Dichtung sind zwar abgeschlossene Texte, die der Autor so und nicht anders konzipiert hat, doch abgeschlossen sind sie nie, sofern es immer Leser gibt, die sich diesen Texten stellen und sich herausfordern lassen. Es ist dies die so genannte Polyvalenz der Texte oder auch die hermeneutische Differenz, die sich ergibt, sobald ein Autor seinen Text an die Öffentlichkeit gibt: Seine Intention ist niemals exakt deckungsgleich mit der eines Lesers. Der Text hat verschiedene Bedeutungen, spricht verschiedene Sprachen und erlebt eine je individuelle und unterschiedliche Rezeption. Jeder literarische Text, der Momente der Fiktionalität beinhaltet, gibt dem Leser Auslegungsspielraum. Damit erlebt jeder Text mit jedem neuen Leser eine je eigene Deutung in Auseinandersetzung mit dessen Lebensgeschichte. Das heißt wiederum, dass dem literarischen Text umformende Kraft zugesprochen werden kann. Jede Form der Interpretation ist ebenso ein sprachliches wie ein kommunikatives Handeln und Geschehen. Diese beinhaltet gleichzeitig auch ein Moment der Entscheidung: Für welche Lesart entscheide ich mich? Wo lasse ich mich in Frage stellen, wo nicht? Durch die Vielfältigkeit literarischer Texte muss der Leser sich stets für eine Deutung entscheiden. Die Literatur geht einen Weg, jeder Text stößt einen Prozess an, der durch den einzelnen Leser noch einmal andere Richtungen erhalten kann.

Nicht zuletzt hat die poetische und erzählerische Sprache eine Kraft, das Geheimnisvolle auszudrücken, was eine reine Informations- und Mitteilungssprache niemals erreichen kann. „Das Schaffen und Aneignen von Literatur (Schreiben und Lesen) sind Beispiele und Ausdrücke für das Vermögen des Menschen, aus der Unmittelbarkeit der Erfahrungen zu treten und sich auf anderer Ebene mit der Welt auseinander zu setzen, die Welt zu transzendieren" (Schwens-Harrant, 56). Das Beispiel schlechthin dafür ist die Heilige Schrift, die niedergeschriebenen Erfahrungen des Glaubens des Volkes Israel und der Jünger mit Jesus. Lebens- und Glaubenserfahrungen haben ihr adäquates Ausdrucksmittel im Wort, in der Erzählung und in der Literatur.

Heinrich Böll

Kaum ein Schriftsteller hat sich mehr mit Kirche, Glauben und Spiritualität auseinander gesetzt, als dies Heinrich Böll getan hat. Er ist jemand, dem zeit seines schriftstellerischen Wirkens die Aufmerksamkeit der Öffentlichkeit galt, da er sich z.T. sehr unbequem und unorthodox hinsichtlich Gesellschaft und Kirche äußerte. Niederschlag findet dies in seinen Romanen und Erzählungen. In ihnen zeigt sich, dass er ein Suchender ist, stets auf dem Wege in Auseinandersetzung mit dem, was in Gesellschaft vor- und beherrschend ist, u.a. eben auch in der Kirche. Mancher Zeitgenosse wird sich vielleicht fragen, was Heinrich Böll in diesem Teil über das geistliche Leben zu suchen hat, in dem es um Spiritualität und geistliches Leben geht. Doch hat kaum ein anderer Schriftsteller der letzten Jahrzehnte wie er gezeigt, dass geistliches Leben alltägliches Leben ist, dass Frömmigkeit und Glauben mit der Alltagserfahrung übereinstimmen müssen, dass sich Spiritualität mit dem ganzen Leben beschäftigt und auch erfahren sein will. Dieser Aspekt einer alltäglichen Frömmigkeit sei aus dem Werk von Böll herausgegriffen; vielleicht mögen andere wichtiger sein oder noch mehr die Bedeutung für Spiritualität herausstreichen, doch angesichts der Ausführungen zum Wegcharakter geistlichen Lebens und zur Bedeutung der alltäglichen Erfahrungen liegt die Konzentration auf dem Aspekt des Alltags.

Heinrich Böll stellt unangenehme Fragen und provoziert den Leser, sich mit sich selbst und den großen Institutionen von Kirche und Gesellschaft kritisch auseinander zu setzen. Geboren am 21. 12. 1917 in Köln und aufgewachsen im katholischen Rheinland, in dem Religiosität nicht unbedingt mit Kirchlichkeit identisch ist, erlebt er von Seiten seiner Eltern eine große Toleranz in kirchlichen und religiösen Fragen. Dies wirkt sich zusammen mit dem Erleben der Kirche in der Nachkriegszeit auf seine Haltung und seine Kritik gegenüber den Kirchen aus: Böll will eine arme Kirche, die im Modus der Zeitgenossenschaft lebt. Das bedeutet für ihn, in der Gegenwart zu leben, sich mit der eigenen Generation zu identifizieren, weder Vergangenheit noch Zukunft zu glorifizieren. Das bedeutet für die Kirche, weder der Vergangenheit nachzutrauern noch sich die Zukunft herbeizusehnen, sondern in der Gegenwart aus der Vergangenheit heraus für die Zukunft zu leben.

Nicht Lippenbekenntnisse, sondern gelebtes Zeugnis
Gegenüber seiner Kritik an den Kirchen, an der Scheinheiligkeit und der Diskrepanz zwischen Reden und Handeln verblasst seine persönliche Glaubenseinstellung, obgleich diese für das Verständnis seines Werkes und Lebens wichtig ist. Religion und damit auch die Vertreter der Religionen müssen sich nach dem Leben richten. Fällt beides auseinander, verliert die Religion ihre Legitimation und Bedeutung. Glaubensvollzug und Lebensalltag bilden eine Einheit, der Glaube muss eingebettet sein in den Alltag. Der Begriff der

Frömmigkeit erhält bei Böll eine stark engagierte und politische Bedeutung: „Frömmigkeit schützt vor gar nichts, wenn sie sich nicht mit Verantwortung in der Welt und für die Welt verbindet" (Nielen, 37). Dabei sind Frömmigkeit und Gottesglaube (natürlich benützt Böll die Begriffe nicht klar und unterschieden) nicht einfach nur Engagement und Handeln, die Gottesfrage beantwortet Böll mit dem Hinweis auf die Mystik. Der Mensch hat Gott in sich. Die Göttlichkeit des Menschen in Jesus und in jedem Menschen zeigt auf, welch großen Wert der Mensch hat und wie es den Vertretern der Kirche ansteht, sich für die Würde und den Wert des Einzelnen einzusetzen: „Mir scheint die Trennung des Jesus vom Christus wie ein unerlaubter Trick, mit dem man dem Menschgewordenen seine Göttlichkeit nimmt und damit auch allen Menschen, die noch auf ihre Menschwerdung warten." (Böll, zitiert nach: Nielen, 26) Daraus resultiert für Böll eine unbedingte Ehrfurcht vor jedem Menschen, und darin erweist sich dann gerade die Ehrfurcht gegenüber Gott. Besonders in dem Verhältnis gegenüber den Leidenden und Ausgegrenzten, denen ihre Würde abgesprochen wird, erweist sich die Ehrfurcht vor der Menschwerdung Gottes.

Innerhalb seiner Werke lassen sich in den 60er und 70er Jahre Brüche feststellen, vor allem hinsichtlich der Frömmigkeit. Er benutzt den Begriff seltener, das Leben erscheint als Bewährungsprobe für den Glauben, ohne dass er es eigens thematisiert. Frömmigkeit ist oftmals nur noch Anachronismus. Ihm kommt es ab den 70er Jahren darauf an, die Situation der BRD darzulegen, und darin haben Kirche sowie Glaube nur noch marginale Kraft, anders als in den Frühwerken Bölls, wo er das aufstrebende Land erfahren hat, inmitten einer Trümmerkirche lebte, die sich mehr und mehr der Gesellschaft anpasste. Kirchenräume sind für ihn nicht mehr als Ausdrucksmittel. Orte persönlicher Echtheit und der

Frömmigkeit sind das Leben, der Alltag und die Wahrhaftigkeit in den Handlungen.

Der Alltag und die Sakramente
Im Mittelpunkt einer Spiritualität und eines gelebten Glaubens im Alltag stehen für Heinrich Böll die Sakramente. Sie sind Knotenpunkte des christlichen Lebens. Böll legt in seinen Werken großen Wert auf die Sakramente, wenn es um den Glauben geht, dabei sieht er jedoch eine große Diskrepanz zwischen den gelebten Sakramenten und der Kirche. Letztere ist für ihn mehr und vor allem auch anderes als das, was sich in Form der institutionalisierten Kirche im Westen zeigt. Kirche hat nichts mit Anpassung, nichts mit Verwaltung und Bürokratie zu tun. Kirche ist für ihn Gemeinschaft, Lebensgemeinschaft. „Ich brauche die Sakramente, ich brauche die Liturgie, aber ich brauche den Klerus nicht – grob gesagt – als Institution." (Böll, zitiert nach: Nielen, 62) Sakramente sind für ihn nicht die Riten, vermittelt zu Hochzeiten des Lebens oder in Krisensituationen oder am Sonntag; sie sind für ihn die Zeichen des Göttlichen, die im Alltag Menschen miteinander verbinden. Eine Umschreibung für die Sakramente, deren Neudefinition er fordert, ist die durch Menschen vermittelte erfahrbare Gnade Gottes. Damit ist ein Auftrag verbunden, eine ethische Implikation, nämlich das Erfahrene weiterzutragen und alles für die Menschwerdung Gottes und der Einzelnen zu tun, letztlich den ganzen Alltag von dieser Haltung des Lebens in Fülle durchdringen zu lassen. Vermittelt und erfahrbar werden die Sakramente durch Sinnlichkeit, durch Erfahrung der Sinne, die in den Riten der Institution Kirche für Böll völlig verkümmert sind. Die konkreten Ereignisse von Brot und Wein, von Liebe und Brüderlichkeit sind es, die die Gnade Gottes vermitteln. Gemeinschaft hat für ihn mit Institution nichts zu tun. Die Bindung an die Kirche ist für ihn eine mystische,

ebenso an die Sakramente. Die Bindung an die Institution Kirche ist eine verrechtlichte, die Leben eigentlich nicht will. Durch die Verrechtlichung und Verwaltung sind die Sakramente nicht mehr sinnlich, weder in ihrer Ausprägung noch in ihrer Erfahrbarkeit. Eucharistiefeier und Ehe als die für Böll herausragenden Sakramente können für ihn nicht bestimmt und initiiert sein durch einen Ritus, sondern nur durch das lebendige Miteinander, so dass er in einem seiner frühesten Romane ‚Und der Engel schlief' einer Beziehung zwischen der weiblichen und männlichen Hauptperson erst dadurch sakramentale Kraft zuspricht, dass sie Leben miteinander teilen und sich lieben, nicht durch den kirchlichen Vollzug, geschweige denn durch den Ritus. In diesem frühen, jedoch erst posthum veröffentlichten Roman lebt der Kriegsheimkehrer Hans mit seiner Freundin Regina zusammen, die er in seiner zerbombten Heimatstadt kennen gelernt hat. Eines Tages geht Hans zum Kaplan seiner Heimatkirche. Er möchte beichten und den Kaplan bitten, dass er sie traut. Da Hans aber nur gefälschte Papiere hat, können beide nicht zuvor amtlich heiraten. Hans bittet den Kaplan, es dennoch zu tun, nachdem dieser zu ihm über das Gebet gesprochen hat: „‚Beten Sie, wenn Ihnen langweilig wird, und wenn es Ihnen zunächst noch langweiliger erscheint, beten Sie, beten Sie. Hören Sie? Einmal schlägt es durch. Immer weiter beten – und lassen Sie sich trauen.'" (Böll, Der Engel schwieg, 172) Der Kaplan setzt sich über Vorschriften hinweg und tut es – das Gebet der Tat, nicht nur fromme Worte.

Die Sakramentalität der Liebe
Leben miteinander teilen und Liebe bedeuten elementar auch Erotik und Körperlichkeit als Ausdruck von Liebe und Zuneigung. Liebe ist eine sakramentale Form, die nicht zu verrechtlichen ist. Wichtig ist Böll nicht die Form der Sakramen-

te, sondern wie der Einzelne sie in seinem Alltag lebt und verwirklicht. So weicht Böll in der konkreten Ausgestaltung und der literarischen Ausformung erheblich von der Gestaltung der Sakramente in den Kirchen ab. Provozierend formuliert hat die Menschheit in gelebter Geschwisterlichkeit sakramentale Form und Funktion.

Auf diesem Hintergrund kann man die Literatur von Heinrich Böll als ein einziges Hohelied der Liebe bezeichnen, eine Literatur voller Liebe und Zärtlichkeit, voller Traurigkeit ob der Lieblosigkeit der Welt, voller Hoffnung und Detailfreudigkeit, in der sich eine Liebe zum Kleinen und zum Leben ausdrückt. So beschreibt kaum ein Schriftsteller (mit Ausnahme vielleicht von Peter Handke) Dinge und Eindrücke des Alltags derart detailliert, wie Heinrich Böll es tut. Seine Literatur ist eine Poetik der Alltäglichkeit und darin eine Hommage an das Kleine und Unscheinbare. Konsequenterweise beschreibt er vielfach auch die Gefühlslage der kleinen Leute. Es ist der Augenblick, der wichtig ist und gelebt werden muß, wie es der Protagonist Hans Schnier in ‚Ansichten eines Clowns' ausdrückt: „Ich bin ein Clown und sammle Augenblicke" (Böll, Ansichten, 382) – Augenblicke als Kristallisationspunkte von Leben und Liebe.

Ein Beispiel sei dafür im Folgenden anhand der Eucharistie dargestellt.

„Im Grunde genommen hat die Sonntagsmesse viel mehr Familie zerstört als aufgebaut. Das ist meine Ansicht und meine Erfahrung, weil eine gemeinsame Mahlzeit die Familie endlich einmal versammelt. Sagen wir mal, sie hätte da beim Frühstück gesessen, der Vater hätte erzählt, die Mutter und die Kinder hätten geplaudert, man hätte Zeit gehabt an diesem einzigen arbeitsfreien Tag der Menschheit, mal wirklich sakramental zu sein, mit Brot und Kaffee, Milch und Wein vielleicht, in diesem Augenblick der Schreckensschrei: Wir müssen in die Messe" (Böll, Eine deutsche Erinnerung, 63). Provozierende Worte, die den gläubigen Menschen fragen lassen, was für ihn die Eucharistie bedeutet und ob es eucharistisches Verhalten und Verhältnis nicht auch im Alltag und im Leben außerhalb der Kirche gibt. Für Heinrich Böll ist dies der Zusammenhang von Glaube und Gemeinschaft, von sakramentaler Gemeinschaft, die sich im Erzählen, in der gemeinsamen Mahlzeit und im gemeinsamen Tun ereignet, eben eine Frömmigkeit, die den Sonntag durchbricht. Die gemeinsame Mahlzeit ist Ausdruck dessen, was für Böll Glaube bedeutet. So sagt ein Mann auf die Frage seiner Frau, warum er sie geheiratet habe, in seiner eindrucksvollen Erzählung ‚Und sagte kein einziges Wort': „Wegen des Frühstücks. [...] Ich war auf der Suche nach jemand, mit dem ich mein Leben lang frühstücken konnte, da fiel meine Wahl – so nennt man es doch – auf dich. Du bist immer eine großartige Frühstückspartnerin gewesen." (Böll, Und sagte, 99) Es mag lächerlich klingen, doch macht es deutlich, wie sehr der Mensch aus gemeinsamen Mahlzeiten, in denen sich viel ereignet, lebt und zehrt. Nicht umsonst hat auch Jesus immer wieder das Mahl mit den Sündern und Ausgestoßenen gesucht. Sich gemeinsam an einen Tisch setzen und speisen bedeutet, den anderen ernst zu nehmen. Was gibt es Schlimmeres, als sich Tag für Tag bei den gemeinsamen Mahlzeiten anzuschweigen? Und wie sieht es mit dem gemeinsamen Mahl, der Eucharistie, und der Kommunikationsfähigkeit, -bereitschaft und -ermöglichung in unseren Gottesdiensten aus?

Heinrich Böll beschreibt einen Glauben, der Konsequenzen zeitigen soll, der außerhalb der Kirchenmauern in einer Spiritualität des Alltags gelebt werden will. Darin mag er – mit aller theologischen Fragwürdigkeit – Stein des Anstoßes und der Provokation für eine gelebte Spiritualität auf dem Wege sein.

„Literatur will den verborgenen Text sprechbar machen, der unser Leben beherrscht und von dem wir fürchten und hoffen, dass die anderen ihn verstehen" (Wellershoff, 36). Der verborgene Text unseres Lebens und unseres Weges – Literatur kann ihn artikulieren, aber auch die Musik oder die darstellende Kunst, wie im Folgenden zu sehen sein wird.

2. Spiritualität und Musik: Olivier Messiaen

„Nur der Musik gelingt es, Dinge zu erklären, wozu bislang Theologen nicht in der Lage waren."

(G. Berger)

Olivier Messiaen wurde am 10. 12. 1908 in Avignon in der Provence geboren und ist am 28. 4. 1992 in Paris gestorben.[6] Dazwischen liegt ein Leben voller Aktivitäten und musikalischer Meisterwerke, die zum Teil auch musikalisch harte Kost sind, da Messiaen eine eigene Tontheorie entwickelt hat und seine Musik für unsere Ohren heute nicht gerade eingängig klingt. Doch macht seine Musik deutlich, wie sehr Musik geistliche Erfahrung herausfordern und fördern kann, wie sehr Musik auf dem Wege der Spiritualität ihren einmaligen und unverwechselbaren Platz hat.

Bereits mit elf Jahren ist Messiaen Schüler des Pariser Conservatoire. 1931 ist er mit 23 Jahren Organist an der großen Orgel der Ste. Trinité in Paris, für die er, angefangen mit *‚La Nativité du Seigneur'* (1935), alle seine großen Orgelwerke schrieb. Gleichzeitig nimmt er eine Lehrtätigkeit wahr. Die Kriegswirren gehen auch an ihm nicht spurlos vorüber. 1942 kehrt er aus deutscher Kriegsgefangenschaft zurück, und selbst in dieser komponiert er noch, so z.B. das *‚Quatuor pour la fin du temps'* (1940). Im Laufe seines Lebens hat

Messiaen, der ein großer Naturfreund war, Tausende von Vogelgesängen notiert. Aufmerksam auf die Stimmen der Natur und Schöpfung, prägt die Beschäftigung mit Vogelstimmen fast sein ganzes Oeuvre. Manche Werke wie ‚*Catalogue d'Oiseaux*‘ bestehen nahezu völlig aus kunstvollen Adaptionen von Vogelgesängen. Ein großer Teil seines Werkes, das allerdings kaum Kirchenmusik enthält, kreist um christliche Glaubenswahrheiten – nicht nur seine Orgelmusik, sondern auch Werke wie ‚*Vingt Regards sur l'Enfant Jésus*‘ für Klavier oder ‚*Trois Petites Liturgies de la Présence Divine*‘ für Frauenchor, Klavier und Orchester (beide 1941). Bezeichnenderweise gibt es zwischen den geistlichen und den weltlichen Werken, wie der ‚*Turangalîla-Symphonie*‘ (1946–48) keine erkennbaren stilistischen Unterschiede, was uns noch einmal auf den Gedanken bringt, dass das ganze Leben geistlich ist und sich in den Erfahrungen im Alltag Erfahrungen von Geheimnis und Transzendenz ereignen können. Der Weg des Lebens ist der geistliche Weg, keine gesonderten Höhenerfahrungen (peak-experience), so wie es im Werk von Messiaen keine stilistischen Unterschiede zwischen weltlicher und geistlicher Musik gibt.

Im Laufe seines Schaffens beschäftigt sich Messiaen neben den Vogelstimmen intensiv mit dem Studium der Zahlenmystik, mit indischer und griechischer Rhythmik. Anregungen für seine Werke entnahm er u.a. den Werken Debussys, Strawinskys, Mussorgskijs und weiterer russischer Komponisten, A. Bergs, Jolivets und nicht zuletzt dem gregorianischen Choral. So kann sich sein Werk fürwahr einer breiten Aufnahme verschiedener Traditionen rühmen, gleichzeitig erleichtert dies natürlich nicht gerade die Rezeption.

Messiaen war der Lehrer bedeutender Musiker wie P. Boulez, K. Stockhausen und I. Xenakis. Verheiratet war er mit der Pianistin Yvonne Loriod.

‚Wahre Musik' ist spirituelle Musik
Schon in seiner Schrift ‚Technik meiner musikalischen Sprache' Paris 1944 fordert Messiaen „eine wahre, das heißt: eine spirituelle Musik – Musik als Glaubensakt; eine Musik, die alles berührt –, ohne dabei aufzuhören, Gott zu berühren" (zit. nach: Herbort). Er versteht sich bewusst als katholischer Musiker. Dabei scheint das Gottesbild von Messiaen nicht innerweltlich aus dem hoffenden Subjekt gewonnen, als vielmehr auf die Offenbarung hin orientiert zu sein. Insofern interessieren ihn die großen Fragen der Menschheit kaum, Leid und Kreuz bestimmen sein Gottesbild weniger. Auch die große Frage nach dem Warum oder die Frage nach dem strengen Richtergott stellt sich ihm nicht.

Sein katholischer Glaube ist ihm die wichtigste Antriebskraft in seinem Schaffen sowie die inspirierende Erscheinungsvielfalt der Natur, so vor allem die Vogelgesänge, aber auch die Gestirne, Mineralien etc.. Besonders letzteres spiegelt sich in seiner Musik wider, so dass sein Schüler Stockhausen davon spricht, dass Messiaen in seinen Werken tote Elemente lebendig machen könne. Überall nimmt Messiaen sein Notizbuch mit und macht sich von dem Gehörten Aufzeichnungen, die er in seiner Musik schließlich zu verarbeiten sucht. „Messiaen ist ein glühender Schmelztiegel. Er nimmt klingende Formen in sich auf und spiegelt sie in der Form seines musikalischen Verstandes." (Schweizer, 486) Dabei zeichnet sich seine Musik durch klare Strukturen aus, die wiederum ekstatisch aufgebrochen werden, so dass Herbort sagen kann, dass eine Mischung aus Askese und Ekstase zum Kriterium der Interpretation seiner Musik werden müsse. Seine Musik ist jedoch keine Idylle oder eine Mischung aus Romantik und Intellekt. Sie ist schwer, ist fragend und suchend bei aller Gewissheit des Glaubens; sie lässt den Abgrund und auch das Scheitern gelten. Doch auch in aller Not und Brüchigkeit des Lebens gibt der Glaube Kraft und Mut, denn er ist die Wahrheit des Lebens, die er schon in frühesten Jahren erfahren hat. Dies ist neben den Dramen Shakespeares die Welt seiner Mutter, einer Dichterin, die Wahrheit und die Welt, in der er aufwächst und die ihm Halt verleiht. Sein Glaube ist kein eigenes Konstrukt, keine Loslösung von Tradition oder kirchlichen Formen, es ist schlicht und ergreifend der Glaube an den dreifaltigen Gott. „Ich bin gebeten worden zu definieren, was ich glaube, liebe, hoffe. Das ist schnell gesagt: Ich glaube an Gott und damit notwendigerweise an die Dreieinigkeit und darum auch an den Heiligen Geist (dem ich meine ‚Pfingstmesse' gewidmet habe), darum auch an den Sohn, an das Fleisch gewordene Wort, an Jesus Christus (dem ich einen großen Teil meiner Werke gewidmet habe)" (aus der Dankesrede bei der Verleihung des Praemium Erasmianum, Amsterdam 25. 6. 1971, zit. nach: Herbort). Dieser ist für ihn nicht konfessionsgebunden, denn das Geheimnis der Inkarnation verbindet die christlichen Kirchen über alle Grenzen hinweg, das Geheimnis und die Erkenntnis, dass Gott gekommen ist und wiederkehren wird.

Ausdruck seines Glaubens und auch der Kraft, die dem Glauben eigen ist, ist seine Musik, von der er selbst sagt, sie sei so etwas wie eine geheime Schriftsprache, die er erfunden habe ähnlich den ersten Christen und die – egal, wie man sie liest – stets ein Kreuz ergibt. Die Noten und die Musik geben seine Überzeugung wieder: ein tiefer Glaube, der umgesetzt und vor allem auch weitergegeben, verkündet sein will. Für Olivier Messiaen ist die Musik die Kunst, die dem Ausdruck des Glaubens am nächsten kommt. „Ihr nur gelingt es, Dinge zu erklären, wozu bislang Theologen nicht in der Lage waren" (zit. nach: Berger, 198).

Messiaen und Franziskus
Im Folgenden sei eines aus seinen vielen Werken besonders betrachtet, das seine Glaubenshaltung und auch die Bedeu-

tung der Musik für die Spiritualität sehr schön zum Ausdruck bringt. Es ist dies ein Werk, das leider aufgrund seiner hohen musikalischen Ansprüche vor allem an die Chöre nur selten aufgeführt wird: Saint François d'Assise. „Ich habe ihn [Franziskus] gewählt, weil unter allen Heiligen er es ist, der Christus am meisten ähnelt, geistig – durch seine Armut, seine Keuschheit, seine Demut – und körperlich – durch seine Wundmale, die er an Füßen, Händen und der Seite erhalten hatte."[7]

Saint François d'Assise kann gut als die Summe und Synthese des reichen schöpferischen Lebens Messiaens angesehen werden, bringt es doch sowohl seine Musiktheorie als auch seinen Glauben und die Haltung zum Ausdruck, dass Musik mehr als Theologie Verkündigung lebendig zu gestalten und Dinge zu erklären vermag, wozu Theologen so bislang nicht in der Lage waren. „Messiaen hat sein Leben in die Partitur eingegossen."[8] Für diese Partitur wählt er nicht den Begriff ‚Oper' oder ‚Oratorium', sondern ganz bewusst den Begriff ‚franziskanische Szenen'. Erst im Untertitel kommt der Begriff der Oper vor. Es ist ein Werk, in welchem wichtige Szenen des Lebens des heiligen Franziskus dargelegt und musikalisch umgesetzt werden. Messiaen wollte mit diesem Stück die verschiedenen Betrachtungsweisen der göttlichen Gnade in der Seele des hl. Franziskus darstellen. Schaut man genau hin, wird deutlich, dass die Titelfigur Franziskus sogar autobiographische Züge von Messiaen trägt, so dass es allen Ernstes als Kompendium seiner musik- und auch existenzphilosophischen Anschauungen zu lesen und zu hören ist. Mit den franziskanischen Szenen widmet sich Messiaen erstmalig auch dem Gebiet der Oper bzw. des Oratoriums; erst auf Anfrage des Direktors der Pariser Staatsoper im Jahre 1975 wagt Messiaen diesen Schritt, und er tut es mit Ausschnitten aus der Vita des hl. Franziskus, da Jugenderlebnisse mit verschiedenen Werken der Musikliteratur, die sich franziskanischen Themen widmeten, ihn stark beeinflussten.

Es ist ein Stationenweg mit acht Szenen in drei Akten. Koch nennt dieses gewaltige Werk eine im mehrfachen Sinne ‚katholische Oper', an der Messiaen acht Jahre gearbeitet hat (1975–1983). Die Premiere fand am 28. November 1983 in Paris statt und wurde vom Publikum recht unterschiedlich aufgenommen. Vor allem über den für viele sehr süßlich anmutenden Schlusschor im letzten Akt wurde heftigst diskutiert, doch schaut man auf das gesamte Werk und auf die Biographie sowie Glaubenshaltung Messiaens, dann wollte er sicherlich nicht ein ‚himmlisches Disneyland' darstellen, so wie es ihm manche Kritiker vorwarfen.

Einige Bilder seien kurz beleuchtet. Sie machen deutlich, dass in der Musik von Messiaen eine Verbindung von Gebet, Natur und von einem Ineinander von Mystik und Askese vorhanden ist, die diese Musik als eine zutiefst spirituelle erweist und eine Quelle für die persönliche Spiritualität darstellen kann.

Im fünften Bild (der musizierende Engel) befindet sich Franziskus in tiefer Meditation. Er betet eine Strophe aus dem Sonnengesang und bittet Gott um einen Vorgeschmack der himmlischen Glückseligkeit. Der Schrei eines Turmfalken mitten in der Nacht bereitet Franziskus auf das Kommende vor: Der Engel erscheint und verkündigt Franziskus, Gott werde ihm durch Musik die Geheimnisse der Herrlichkeit zeigen. Der Engel spielt auf seiner Viola, und Franziskus hört die Musik des Unsichtbaren. Als die Brüder Leo, Masseo und Bernhard ihn finden, hat er das Bewusstsein verloren. Die liebevolle Sorge der Brüder bringt ihn wieder zu sich, und Franziskus erzählt, was ihm geschehen ist. Die Wegerfahrungen, so diese Szene, wollen geteilt und erzählt werden. Geistliches Leben ereignet sich in den unterschiedlichsten Bereichen des Lebens, eben auch in der Musik sowie in der Weitergabe durch Wort und Musik.

Im achten Bild (der Tod und das neue Leben) nimmt Franziskus Abschied von allem, was er geliebt hat, dem Berg, dem Wald, dem Fels, von den Vögeln, von der Stadt Assisi und der kleinen Kirche Portiuncula. Er sagt den Brüdern Adieu und segnet sie. Franziskus singt die letzte Strophe seines Sonnengesangs, von unserem Bruder, dem leiblichen Tod. Die Brüder rezitieren den 141. Psalm. Der Engel erscheint mit dem Aussätzigen, um den Sterbenden über die Schwelle zu begleiten. Franziskus spricht sein letztes Gebet: „Herr! Musik und Poesie haben mich in Deine Nähe geführt: durch Abbild, Symbol und den Mangel an Wahrheit. Herr, erleuchte mich durch deine Anwesenheit! Erlöse mich, mache mich trunken, blende mich für immer durch die Überfülle an Wahrheit."

Franziskus nimmt Abschied von der Welt, von dem Bereich, wo ihm Gott begegnet ist: die Natur, die Stadt und die Kirche – Gottes Spuren lassen sich im Leben und im Alltag finden. Dabei erscheint ihm der Engel mit dem Aussätzigen, mit der Figur seines Lebens, die ihn die radikalste Wende in seinem Leben hat einläuten lassen; der Aussätzige hat Franziskus umgeformt und ihn Formen geistlichen Lebens finden lassen, die bis heute viele Nachfolger auf dem Weg der franziskanischen Alternative gefunden haben.

Nachdem dieser einzigen Oper von Messiaen prophezeit wurde, dass sie nicht lange leben werde, gilt sie mittlerweile – trotz des Schwierigkeitsgrades – als ein Meilenstein in der Geschichte des modernen Musiktheaters. Ihr ungemein langsamer Ablauf im Geschehen, der weitgehende Verzicht auf eine äußere Handlung und auf zwischenmenschliche Konflikte sind einzigartig und wegweisend. Messiaen klammert bewusst alle äußerlich dramatischen Ereignisse der Legende aus (wie etwa den Konflikt mit dem Vater), so dass es wirklich szenische Darstellungen sind, die den Hörer und Betrachter auf sich selbst und die Auseinandersetzung mit dem Leben des Franziskus verweisen. Es ist ein kontemplatives Werk, das den Weg der Protagonisten zu Gott darstellt – ein langsamer Weg, Schritt für Schritt. So kreisen die drei Akte jeweils um eine von Franziskus erbetene Prüfung oder Auszeichnung, die ihn näher zu Gott bringt: die Heilung eines Aussätzigen, die Begegnung mit dem musizierenden Engel und der Empfang der Stigmata.

Messiaens Musik zielt immer auf die Aufhebung des chronometrischen Zeitgefühls des Hörers. Dies gilt auch für *Saint François d'Assise*, das mit vier Stunden längste Werk des Komponisten – eine Musik von schillernder Vielfalt, die den Hörer einfangen will, die ihn herausfordert und seine Stellungnahme erwartet.

Die Bedeutung der Musik für die Spiritualität kann sich – so lässt es sich an der kurzen Auseinandersetzung mit Olivier Messiaen ablesen – auf dreierlei Weise zeigen: zum einen für den Autor, der in und mit seiner Musik versucht, seinem Glauben, seiner Überzeugung und seiner Grundinspiration Ausdruck zu verleihen, so wie es Messiaen formuliert hat. Zum zweiten kann Musik in der Form der Darstellung in Kombination mit dem Inhalt eine Quelle oder ein Anstoßpunkt für die Spiritualität sein. Messiaen hat in und mit seiner Darstellung der Szenenbilder franziskanischer Lebensweise ein Werk geschaffen, das z.B. für jeden, der in der Nachfolge Christi auf dem Weg der franziskanischen Spiritualität geht, eine gute Auseinandersetzung mit der eigenen gelebten Spiritualität bedeuten kann. Zum dritten kann die Musik eine Kraftquelle und/oder Provokation für die Spiritualität der Hörer sein. Musik rührt Tiefenschichten im Hörer an, die so manches Wort nicht erreichen kann. Sie rührt den Menschen an, berührt den Menschen, so wie es Franziskus im achten Bild bei Messiaen ausdrückt: Neben der Poesie ist es die Musik, die ihn in die Nähe Gottes geführt hat. Musik bewegt den Menschen und ist Ausdruck und Bild von Bewegung, der Grundkomponente geistlichen Lebens.

3. Spiritualität und darstellende Kunst: Joseph Beuys

„Erst wenn nichts mehr ist, entdeckt der Mensch in der Ich-Erkenntnis die christliche Substanz und nimmt sie ganz real wahr."

(F. Mennekes)

Kaum ein moderner Künstler hat ähnlich viel Aufsehen erregt wie Joseph Beuys sowohl zu seinen Lebzeiten als auch heute in der Rezeption seiner Werke. An ihm schieden und scheiden sich die Geister der Zeitgenossen. Wenn schon nicht Ablehnung, dann ist zumindest Ratlosigkeit angesagt. Seine Kunst wird als Provokation erlebt, eine Provokation oftmals aber, die nicht in die Herzen der Betrachter zu gehen vermag. In der Tat will Beuys, der am 12. Mai 1921 in Kleve geboren wurde und am 23. Januar 1986 in Düsseldorf starb, mit seinen Werken provozieren, jedoch nicht aus Protest oder aus einer aggressiven Haltung heraus, vielmehr ist es ihm zeit seines Lebens ein Anliegen, den Menschen durch seine Kunst dahin zu provozieren, dass dieser sich seiner eigenen Quellen und seiner eigenen Kreativität bewusst wird, um so spirituell zu leben.

Auch in der Wahl seiner Arbeitsmaterialien wie Fett und Filz kommt es ihm nicht auf die Provokation als solche an, vielmehr auf den Symbolgehalt. Die Dinge, die er verwendet, gehen weit über den einfachen oberflächlichen Sinn hinaus. „Es sind die Dinge, die sein Werk bereithält, wiederkehrende Elemente, die auf Konstanten seines Denkens weisen: Fett, Filz, Wachs, Talg, Kupfer, Aggregate und Batterien, Honig, Taschenlampe, Schlitten, Feuerstätte und Erdtelefon. Es sind Elemente, die immer wieder auf Schutz, auf Wärme, auf Kontakte, auf Kommunikation, auf Vereinigung, auf Bewegung und Leben verweisen. Sie bewahren und vermitteln

Energie. Kupfer leitet, Fett speichert, Filz wärmt, Honig nährt, der Hut schützt, die Batterie lädt auf – der symbolische Gehalt all der Beuys'schen Elemente liegt auf der Hand, ihr geistiger Kontext ist ohne weiteres einzusehen. Ihre Simplizität verblüfft. Was uns oft Schwierigkeiten bereitet, ist das, was als Beispiel oder Gleichnis sinnbildlich gemeint ist, zu übersetzen in den Zusammenhang eigenen Erlebens, oder – anders gesagt – für die Elemente der Beuys'schen Weltkonzeption Entsprechungen in der eigenen Existenz zu finden, unser eigenes Dasein anschaulich zu buchstabieren." (Schmied, 128) Wärme und Schutz, Vernetzung (Tierhaare, die verfilzen) und ein soziales Ganzes – das sind Themen seiner Kunst, die sich in den elementaren Dingen und Substanzen, die er verwendet, zum Ausdruck bringen lassen.

Beuys und der christliche Glaube
Ein wichtiges Thema war für Beuys, sicherlich zum Erstaunen vieler Zeitgenossen, die imitatio Christi. Immer wieder hat Beuys mit und in einzelnen Aktionen bestimmte symbolische Handlungen Christi wiederholt. Für Beuys gibt es nichts, was keinen Christusbezug aufweist. Das Einzelteil verweist aufs Ganze.

Joseph Beuys sieht sich auf seinem künstlerischen Weg zunächst der Tradition sehr verbunden, vor allem auch der christlichen Tradition. Zu Beginn seines Schaffens bewegt er sich denn auch konsequent in dem künstlerisch vorgegebenen Raum: Er schafft verschiedene Christusfiguren, beschäftigt sich intensiv mit dem Kreuz und setzt sich mit dem Bild der Pieta und der Madonna auseinander. Im Traditionellen sucht er seinen Weg, dem Ausdruck zu geben, was in ihm lebt und was er fühlt. Doch schon schnell kehrt er der Tradition den Rücken. Vom traditionellen Motiv her gelingt es ihm immer weniger, der spirituellen Dimension seines Denkens und Schaffens Ausdruck zu verleihen. Die traditionellen Motive und Formen fassen nicht, was er erfahren und erlebt hat. Mehr und mehr bringt er in seiner nächsten Schaffensperiode das Christliche mit Naturkräften in Zusammenhang, dabei sind ihm die anthroposophischen Gedanken von Rudolf Steiner wegweisend. Es schließt sich eine Phase der Aktionen an, in denen das Christliche ganz massiv und konzentriert auftaucht, so in seiner berühmten Aktion ‚Manresa', in welcher er am 15. Dezember 1965 in der Düsseldorfer Galerie Schmela demonstrativ die tiefe Krisensituation des Ignatius von Loyola in Manresa mit Fragen und Konzeptionen am Ende der Neuzeit verbindet. In Manresa hatte Ignatius seinen Bruch mit seinem bisherigen Leben als Edelmann vollzogen und den Aufbruch in die Neuzeit gewagt. Das moderne Subjekt hat sich gegen und über den überkommenen Ordo-Gedanken des Mittelalters gestellt. Beuys bringt in dieser Aktion seine eigene Lebensgeschichte mit der von Ignatius in Verbindung: Krisensituationen, Fragen.

Auch für Joseph Beuys gab es in seinem Leben einen massiven Einschnitt, der sich prägend auf all sein weiteres Tun ausgewirkt hat: der Absturz mit seinem Flugzeug 1943 über der Halbinsel Krim und die Rettung durch umherziehende Tartaren, die ihn mit Fett einrieben, mit Filz umwickelten und in eine Jurte legten, ihn so wärmten und zu überleben halfen. Filz und Fett werden in der Folgezeit die Gestaltungselemente für Beuys schlechthin: Fett als Wärme und Filz als Isolationselement. An der Aktion ‚Manresa' werden die wesentlichen Einflüsse auf das Schaffen von Joseph Beuys deutlich: Wesentlich geprägt ist die Kunst Beuys durch seine Lebenserfahrungen, aus denen heraus seine Plastische Theorie oder auch die These, dass ein jeder Mensch ein Künstler ist, resultieren; daneben sind es die christliche Tradition und der christliche Hintergrund, schließlich die anthroposophische Lehre Rudolf Steiners, vor allem dessen Vorträge ‚Über die Bienen' in ihrer beispielhaften Bedeutung für das menschliche Gesamt und das soziale Gefüge.

Immer wieder spielen Christentum und Spiritualität im Werk von Joseph Beuys eine Rolle. Dabei geht Beuys eine Entwicklung vom Konkreten und christlich Eindeutigen hin zum Allgemeinen und Grundsätzlichen. Beuys wehrt sich dagegen, dass Christus lediglich eine historische Gestalt von großer Bedeutung gewesen ist. Ihm geht es darum aufzuzeigen, dass von Christus eine Kraft ausging und noch ausgeht, die in die Gegenwart hinein wirkt und real präsent ist. Im christlichen Leben gilt es, die Tiefen des Glaubens wahr und ernst zu nehmen. „Das heißt, der Mensch muss diesen Vorgang der Kreuzigung, der vollen Inkarnation in die Stoffeswelt durch den Materialismus selbst hindurch auch erleiden. Er muss selbst sterben, er muss völlig verlassen sein von Gott, wie Christus damals vom Vater in diesem Mysterium verlassen war. Erst wenn nichts mehr ist, entdeckt der Mensch in der Ich-Erkenntnis die christliche Substanz und nimmt sie ganz real wahr. Das ist eine Erkenntnis. Die ist so exakt und sie muss sich so exakt vollziehen wie ein Experiment im Labor." (Mennekes, Beuys zu Christus, 22)

Leiden bedeutet für Beuys, keine Möglichkeiten mehr zu haben, ausgeliefert zu sein an die Passivität. Jesus zeigt auf, dass gerade das Leiden dem Menschen helfen kann; der Leidende bereichert die Welt, er führt sie weiter, er trägt und erträgt sie. Durch das Leiden, so Beuys, wird die Welt real mit christlicher Substanz erfüllt. „Übrig bleibt, wenn man das in eine Formel bringt, dass dem Menschen nur zwei Weisen seines schöpferischen Verhaltens gegeben sind, und das natürlich in allen Abschattierungen, in jeder Biografie in einer anderen Mischung: das eine ist das Tun, das andere ist das Erleiden. Beide Schicksale führen die Bereicherung der Welt hinauf, und beide Funktionen garantieren die menschliche Zukunft." (Mennekes, Beuys zu Christus, 44) Die Passion nimmt in seinem Werk eine zentrale Stellung ein, sicherlich auch auf seinem biographischen Hintergrund.

Christus ist für ihn allgegenwärtig, dabei immer in doppelter Weise: als Mensch und als göttliche Person, als Christus, als der leidende und erlösende Christus.[9]

Beuys wollte in seiner Kunst das Konfessionelle überwinden und von den Grunddaten des menschlichen Lebens her seine Kunst mit der Natur, dem Universum und der Schöpfung verbinden.

Jeder Mensch ist ein Künstler
Für Beuys ist es von enormer Bedeutung, dass jeder Mensch ein Künstler ist, dass jeder in sich eine Kreativität hat, sich und der Welt und dem Wesentlichen zu begegnen. Diese führt ihn über Anstrengungen und Bewegungen zur Selbstbestimmung, zum Kontakt mit sich selbst. Dabei liegt die Kraft der Kreativität gerade auch darin, den Verweischarakter aller Dinge zu erkennen und sie in ihrem Symbolgehalt zu erfassen. Für Beuys sind Filz und Fett z.B. wesentlich symbolische Materialien, die auf mehr hinweisen als auf das bloße Medium.

Das Künstlersein des Menschen besteht nicht in der Kunstfertigkeit im Umgang mit den verschiedenen Materialien, um dann etwas künstlerisch Wertvolles zu schaffen. Mit seiner Aussage, dass jeder Mensch ein Künstler ist, gestaltet Beuys einen erweiterten Kunstbegriff. Er bezeichnet damit die Fähigkeiten und Qualitäten eines jeden Menschen, sein Leben zu gestalten, es in Angriff zu nehmen und den Weg des eigenen Lebens selbstbestimmt zu gehen. Dabei geht es um eine Kreativität, die für den Einzelnen erlöserische Momente beinhaltet, Erlösung im Sinne von Befreiung. Es ist die Teilhabe an der Schöpfung und die Ebenbildlichkeit mit dem Schöpfer, die den Menschen dazu befähigt, die Welt schaffend zu verändern. Die Kreativität des Menschen muss diesen dazu drängen, im Schöpfungsprozess und in der Schöpfung seine Fähigkeiten zum Wohle des Gesamten zu entfalten. Für Beuys sind es dann die Themen der klassischen Mystik, denen sich der Mensch zu stellen hat und die er zu gestalten hat: Geburt und Tod, Gemeinschaft und Einsamkeit, Erfüllung und Entfremdung, Glück und Gefährdung.

In Bewegung bleiben, sich in Bewegung bringen – immer wieder benutzt Beuys diese Ausdrücke, um seine Kunst, um Kunst generell und den Menschen in seiner kreativen Kunst zu beschreiben. Das Element der Bewegung ist dann auch das Hauptelement, um die Christusgestalt für unsere Zeit zu vermitteln: „Das Element der Bewegung zu vermitteln ist die Hauptaufgabe. Denn in dem Augenblick, wo etwas in Bewegung gerät, kommt etwas in Fluss. Während in der Gegenwart der Mensch in seiner seelischen Konfiguration in einer tiefen Erstarrung liegt, liegen auch die Gesellschaftssysteme, Kommunismus und Kapitalismus, in einer Erstarrung. [...] Die Bewegung kommt zustande durch eine Provokation. [...] Es ist also das Auferstehungsprinzip, die alte Gestalt, die stirbt oder erstarrt ist, in eine lebendige, durchpulste, lebensfördernde, seelenfordernde, geistfördernde Gestalt umzugestalten. Das ist der erweiterte Kunstbegriff." (Mennekes, Beuys zu Christus, 58ff) Das Auferstehungsprinzip sagt nichts anderes, als dass des Menschen Aufgabe darin besteht, ein neuer Mensch zu werden und damit zu Dingen fähig zu sein, die ihm bislang unmöglich zu sein schienen. Die Erweiterung des Kunstbegriffs liegt also in der Beziehung von Kunst auf den Menschen und alle Vorgänge, die dieser veranlasst und initiiert. Somit bezieht sich der Kunstbegriff von Beuys auf den menschlich-physiologischen Bereich, auf die seelisch-geistige Ebene, auf die Beziehungen der Einzelnen zu den anderen sowie auf den außermenschlichen Bereich wie z.B. die Natur.

Das Prinzip der Umformung
Auch den Begriff der Plastik erweitert Beuys ähnlich, wie er es mit dem Begriff der Kunst wagt. Er nimmt ihn aus seinem Platz in der bildenden Kunst heraus und gibt ihm seinen ursprünglichen griechischen Sinn zurück: die Kunst des Gestaltens. ‚Ungeformt – Bewegung – Geformt' sind für ihn die Prinzipien der plastischen Theorie, dieses transformiert er auf den Lebensvorgang im Menschen. Diese Prinzipien von Umformung und Bewegung liegen zutiefst auch unserer spirituellen Erfahrung zugrunde. Sein Begriff vom Kunstwerk als einer ‚sozialen Plastik' dient ihm dazu auszudrücken, dass Kunst und Kunstwerke eine Gemeinschaft von Menschen zu stiften vermögen, einen sozialen Organismus der Lebewesen. Für ihn ist es immer wichtig gewesen, ein „totes Ding" zunächst als ein beseeltes Wesen zu erkennen und es dementsprechend anzusprechen, das Ding also in seiner Gegenständlichkeit und elementaren Bedeutung ernst zu nehmen. Insofern hat seine Kunst einen rituellen Zug, wobei Beuys selbst der Schamane und Opferpriester ist. Beuys will neue Zusammenhänge schaffen und dem Menschen Orientierung geben.

Er glaubt dabei an den Menschen, er vertraut der Schöpferkraft und der Kreatürlichkeit des Menschen auf der einen Seite und erwartet, dass er die Dinge neu ordnet. Auf der anderen Seite betrachtet er den Menschen gleichzeitig als eine Person der Alltäglichkeit, die sich vor allem auch um das Kleine kümmern muss.

Beuys hat mit seiner Kunst eine snobistische und rein konsumorientierte Betrachtung der Kunst durchbrochen. Er will mit seiner Kunst etwas aussagen und den Betrachter dazu animieren, die eigenen künstlerischen Kräfte und Fertigkeiten zu entfalten und zu nutzen. Kunst sollte nicht nur schön sein, sie sollte eine Botschaft haben. Sie hat spirituelle Wirk- und Sprengkraft.

Die Kunst ist für Beuys das Medium, wieder an das Leben und zum Leben zu gelangen, es wirklich zu berühren und die Freiheit des Menschen auszukosten. Er möchte abkommen von einer Aufteilung der Kunst in elitär und normal. Jeder ist ein Künstler und kann Kunst genießen, nicht nur eine elitäre Sondergruppierung. Kunst existiert für jeden Einzelnen. Jeder Mensch ist Mitgestalter der sozialen Skulptur, dabei hat jeder eine gleich wichtige Aufgabe. Tragendes Element ist die soziale Wärme, die den Menschen in Ehrfurcht betrachtet, die sich in der Nächstenliebe äußert, in der Solidarität weltweit.

Für Beuys ist der Weg zu einer Spiritualisierung des Lebens die Kunst. In ihr entdeckt sich der Mensch als Mitschaffender, als jemand, der sich wie Christus für das Leben entschieden hat. „Es gibt für den Menschen keine andere Möglichkeit, als sich in die Rolle des Christus hineinzubegeben. Hier sind die Möglichkeiten für den Menschen abgesteckt: Durch den Tod vollzieht sich das eigentliche Leben." (Mennekes, Beuys zu Christus, 89) Zugleich ist die Kunst ein soziales Strukturmittel, das selbst wiederum Träger einer sozialkommunikativen Basis wird. Für Beuys ist die Kunst in das Gesamt von Gesellschaft einzuordnen, nicht als museale Größe, sondern als eine schöpferische Dimension, die an der Humanisierung der Gesellschaft mitarbeitet. Kunst und Leben gehören in seinem Werk zusammen, der eine Begriff formt den anderen, beide sind Bedingungen füreinander.

Kein Wort von Karl Rahner ist so oft zitiert worden wie sein Ausspruch, dass ‚der Fromme der Zukunft ein Mystiker sein wird – einer, der etwas erfahren hat – oder er wird nicht mehr sein'. Dabei geht es Rahner nicht um besondere Erlebnisse, sondern schlichtweg um Glaubenserfahrung an Ort und Stelle, um die Tiefendimension geistlichen Lebens auf dem Wege des Menschen. Es geht ihm dabei nicht um gesonderte Erfahrungen, um Höchsterlebnisse oder ekstatische Momente. Mystik ist für Karl Rahner vielmehr innerstes und wesentliches Moment des Glaubens. Diese Dimensionen sind auf dem Weg des Einzelnen die entscheidenden. Wer anders als die Künstler kann das – in Form von Sprache, Musik und Darstellung – besser zum Ausdruck bringen. Die Theorie von Joseph Beuys, dass jeder Mensch Künstler ist und eine Verpflichtung hat für das Ganze, bringt das besonders deutlich zum Ausdruck; ebenfalls die Alltäglichkeit, die Messiaen mit seiner Musik verbindet, indem er keine Unterschiede setzt zwischen geistlicher und weltlicher Musik.

> Fragen zur persönlichen Reflexion
> - Was sind die kreativen Ausdrucksformen meiner Spiritualität?
> - Was bedeuten mir Lesen und Schreiben?
> - Wie lese ich?
> - Musik und Kunst – wo provozieren sie mich?
> - Wie und wo bereichern sie meine Spiritualität?

IV. ENGEL – FIGUREN AM WEGESRAND

Zu Beginn der Ausführungen war von Mode, von Modeworten und der Kurzlebigkeit der Mode die Rede. So wie heute das Wort Spiritualität in aller Munde ist, so ist es auch mit den Engeln. Sie sind Phänomene, die aus der mehrtausendjährigen Religionsgeschichte nicht fortzudenken sind und schon immer eine Rolle spielten. Engel sind immer noch allseits präsent: in der Werbung, im Film und in der Kunst, vor allem auch in der Sprache und in vielen Redewendungen der Alltagssprache, zumeist als Synonyme für Glück und Hoffnung.

Dennoch sind sie ‚randständige' Phänomene, die nicht zum Kern unseres christlichen Glaubens gehören, die aber – wie keine anderen Gestalten oder Phänomene des Glaubens – verdeutlichen, wie sehnsuchtsvoll des Menschen Leben nach Gott ist; wie sehr Nähe und Fingerzeige Gottes heute in unserer modernen Welt gesucht werden.

Zu allen zuvor genannten Phänomenen lassen sich Engelgeschichten finden; Engelgeschichten oder Umgang mit dem Phänomen Engel, die verdeutlichen, dass – unabhängig davon, ob es und wie es sie gibt – Spiritualität und spirituelles Leben Weggeschehen sind.

Engelleben

Geboren werden
ohne Schrecken.
Lautlos
da sein
zwischen zwei Schwingen,
genügend leicht
für Gegenwind
und Liebe.

So
auf Zeit
unvergänglich,
bis ein größeres Gedächtnis
dich
zurück
ruft.

Diese eindrücklichen Zeilen von Peter Härtling zu Beginn eines Buches mit 28 Gedichten von ihm zum Thema Engel und 30 Übermalungen des Malers Arnulf Rainer zum gleichen Thema mögen stellvertretend für die Engelsehnsucht heute stehen: ein Leben, leicht, ohne Angst und Schrecken, ein fast zärtliches Leben mit Gegenwind und Liebe, unvergängliches Leben, ein Leben, das ein Mehr und eine Sehnsucht ausdrückt, dass mit dem Tod das Leben nicht stirbt – und jemand, der dieses Leben in seinen Händen hält, der dem Leben einen Auftrag erteilt und sich dessen erinnert – Engelleben – ein Leben der Sehnsucht, die Flügel verleiht.

In diese Richtung gehen viele Aussagen künstlerischer, sprachlicher oder religiöser Art, wenn es um Engel und ihre Relevanz für die heutige Gesellschaft geht.

Vielleicht trifft es auch die Art und Weise, wie Arnulf Rainer mit dem Thema umgeht: Er nimmt herkömmliche und traditionelle Engelbilder und übermalt sie, verfremdet sie mit Farbe, gibt ihnen ein neues Antlitz – ein fremdes, ein zerstörtes und in der Zerstörung wiedererstandenes Leben.

Die Engel erleben heute eine Renaissance, und es gibt eine unübersehbare Fülle von Material, Büchern und Kunstwerken. Viele Menschen scheinen in den Engeln das Geheimnisvolle und Wunderbare des Lebens zu sehen. Engel stehen für das andere, für das Fragwürdige und Geheimnisvolle. Sie sind die markanten Gestalten an der Krippe, die Schutzengel und Boten Gottes; oft unverstandene Gesellen

– doch sie gehören fast zum öffentlichen Leben dazu, so vor allem in esoterischen Kreisen, weniger in der Theologie und in den Kirchen.

Nicht wegzudenken sind die Engel vor allem auch aus der Werbung, ob als Kühlerfigur auf manchen Nobelkarossen oder in der Werbung der Provinzialversicherung. Meist sind es sehr anthropomorphe Darstellungen eines jungen Mannes oder gut aussehender junger Damen mit Flügel, die in einem eigenen Lichte vibrieren – es gibt sie also, die Engel – allerorten – die Grenzgänger zwischen den Welten.

„Engel sind Botschafter einer anderen, tieferen Wirklichkeit für die Menschen. Die Vorstellungen, die wir mit ihnen verbinden, sind kostbare Bilder, Imaginationen einer Sehnsucht nach einer anderen Welt der Geborgenheit und Leichtigkeit, der Schönheit und Hoffnung. [...] Sie zeigen, dass unser Leben ‚mehr' ist, dass es auf anderes verweist. Engel sind Bilder der tiefen, bleibenden Sehnsucht nach Hilfe und Heilung, die nicht aus uns selber kommt." (Grün, Ein Engel, 7f).

So beschreibt Anselm Grün das Phänomen der Wiederkehr der Engel heute. Er spricht von spirituellen Wegbegleitern und greift damit ein Bild auf, das in unserer Tradition das Bild für das geistliche Leben und die Spiritualität schlechthin ist: der Weg. Engel gehen also mit auf dem Weg, was und wer auch immer sie sind, ob sie nun lebendige Wesen einer Zwischenwelt sind oder Haltungen, die uns auf unserem Lebensweg begleiten und zu geglücktem Menschsein führen wollen, wie Grün es im Folgenden ausführt. Sie sind spirituelle Wegbegleiter, die deutlich machen, dass der Lebensweg des Gläubigen nicht ins Leere geht.

Engel sind Wegbegleiter, die des Menschen Sehnsucht nach dem ‚Mehr' an Leben wach halten und immer wieder entfachen. Sie sind Gestalten am Wegesrand.

1. Engel begleiten den Weg der Tradition und Geschichte

„Engel sind spirituelle Wegbegleiter. Sie bringen uns in Berührung mit einer tiefen Sehnsucht, die in jedem von uns steckt."

(A. Grün)

Engel in der Bibel

Das Weltbild der Moderne rechnet sicherlich nicht mit übernatürlichen Wesen, geschweige denn mit einem Eingreifen solcher Wesen in den Alltag des Menschen. Ganz anders das Weltbild, das sich in der Bibel findet. Für Jesus und seine Zeitgenossen hat das Weltbild drei Stockwerke. Es teilt sich in Himmel, Erde und Hölle auf. Himmlische Kräfte greifen in das Erdengeschehen ein, aber auch Kräfte der Hölle. Dieses Bild muss als Hintergrund dienen, wenn die Engel heute ins Gespräch kommen. Wie stellen sich die Engel in der Bibel innerhalb dieses Weltbildes dar?

Der biblische Befund macht es dem modernen Menschen nicht gerade leicht. Denn die Terminologie ist wechselhaft: einmal ist ausdrücklich von Engeln die Rede, dann wiederum von Gestalten, die in der Tradition als Engel interpretiert werden; ein andermal ist von Seraphim oder Cherubim die Rede: „Geht man davon aus, dass ‚Engel' diejenigen personalen Wesen bezeichnet, die der göttlichen Sphäre angehören, die aber doch von Gott verschieden sind, so kommt man nach Michael Mach auf weit über 20 verschiedene Engeltypen"(Schart, 38). Die verschiedenen Typen der Engel in der Bibel muss man unterschiedlich bewerten und vor allem auch auf ihren Zeitkontext hinterfragen und deuten.

Herrscht im Alten Testament eine Fülle von unterschiedlichsten Engeldarstellungen und Gestalten, so herrscht im Neuen Testament, vor allem auch in den paulinischen Briefen, eine große Zurückhaltung.

Martin Buber benutzt in seiner Bibelübersetzung interessanterweise das Wort Engel nicht. Er spricht vielmehr immer von Boten. Das entspricht einem der Hauptcharakteristika der Engel in der Bibel, sowohl im Alten als auch im Neuen Testament.

„In den Evangelien fließt ab und zu die Vorstellung ein, im Himmel, im Umkreis Gottes, würden sich Engel aufhalten. Auch die Wiederkunft Christi wird immer mit Engeln verbunden. Nur in Einzelfällen kommen Engel Jesus zu Hilfe: Neben Mk 1,13 und Parallelen ist der textlich schwierige Vers Lk 22,43 zu nennen. Insbesondere bei Matthäus und Lukas fällt auf, wie selbstverständlich Engel in den Erzählungen im Zusammenhang der Geburt Jesu auftreten (Mt 1–2; Lk 1,5–2,20), während sie danach fast völlig zurücktreten." (Schart, 57)

In einer Erzählung jedoch kommt keines der Evangelien ohne Engel aus: die Auffindung des leeren Grabes.

Engel sind nicht immer leicht zu erkennen; so spricht der Autor des Hebräerbriefes im Zusammenhang mit der Gastfreundschaft von Engeln, die man unbemerkt beherbergen kann, weswegen die Gastfreundschaft eine der ersten christlichen Tugenden sein sollte (vgl. Hebr 13,2).

Der Befund der biblischen Engelgeschichten zeigt, dass die Engel zwar randständig sind, dennoch aber aus dem biblischen Gesamtbild nicht wegzudenken sind. Sie sind nicht belanglos für den Glauben, aber auch nicht zentral. Auch in der Bibel gibt es Bücher und Autoren, die die Engel nie erwähnen oder gar bewusst aus ihrem Genre verbannt haben (so im Buch Deuteronomium), so dass man sagen kann, rationalistische Tendenzen, die mit dem Phänomen der Engel nichts anfangen können, gab es schon in alten Zeiten.

Umgekehrt tauchen die Engel in für den christlichen Glauben zentralen Erzählungen auf, so vor allem bei der Auferstehung. „Es ist von daher nicht möglich, diese Gestalten in Gänze für Ausgeburten einer überhitzten religiösen Phantasie zu halten. Die Bibel stellt vielmehr die Aufgabe, der Rede von den Engeln einen auch unter den Bedingungen heutigen Wahrheitsbewusstseins vertretbaren Sinn abzugewinnen." (Schart, 65)

Die biblischen Schriften machen deutlich, dass in der Gestalt der Engel Gott in die Zeit eintritt und den Menschen nahe sein will. Die Engel sind für Gott eine Möglichkeit, an der Schöpfung teilzunehmen, in ihr personal präsent und weiterhin aktiv zu sein, ohne zugleich in der Schöpfung aufzugehen. Er ist ihr gegenüber immer noch transzendent. Die neutestamentlichen Schriften machen des weiteren deutlich, dass jede Rede von den Engeln auf Gottes Selbstmitteilung in Jesus Christus bezogen bleiben muss. Von dieser Selbstmitteilung Gottes her erhält die Rede von den Engeln ihr kritisches Korrektiv.[10]

„Ein selbstständiges Interesse an den Engeln widerspricht ihrem eigenen Wesen als dienstbaren Geistern und dem Anspruch des Monotheismus. Engel vermitteln in die Unmittelbarkeit zu Gott. Gott bleibt auch ohne Engel dem Menschen zugänglich. Unter dieser Voraussetzung kann man eine Rede von den Engeln als Bereicherung der Rede vom Verhältnis Gottes zur Schöpfung verantworten." (Schart, 69)

Die Mönchsväter und das engelgleiche Leben

Am Beginn des frühen Mönchtums steht der Wunsch und die Motivation, Christus nachzufolgen, die Evangelien als

Maßstab für das eigene Leben zu nehmen und sich in den Fußspuren Jesu Christi zu bewegen. Wie bereits zu sehen war, ist das Bild vom Weg für das frühe Mönchsleben von großer Bedeutung. Ihr Leben ist ein Weg der Nachfolge, ein Weg weg von den Städten hinein in die Wüsten.

Geht es dem Mönch zunächst darum, Christus als ethisches Vorbild für das eigene Handeln und Leben zu nehmen, so ist die tiefere Dimension der Nachfolge Christi für die Mönche, eins zu werden mit Christus. Aus der ‚imitatio', der Nachahmung, soll die Gleichförmigkeit, die ‚conformitas', werden. So wird das Mönchsleben auch als ein neues Getauftwerden oder als Martyrium angesehen: das Gewand Christi anlegen und das eigene Ich absterben lassen. Konkretisiert wird diese Nachfolge Christi, indem die Mönche versuchten, es ihren Vorbildern, den Patriarchen und Propheten sowie den Aposteln und Märtyrern, gleichzutun.

Auch das Motiv des engelgleichen Lebens ist in das Motiv von der Nachfolge und Nachahmung Christi einzuordnen. Die Engelvorstellung der frühen Mönche ist ähnlich der Vorstellung ihrer Umwelt: Die Engel leben im Himmel und sind Boten Gottes. Sie stehen im Himmel im Throngefolge Gottes und bilden seinen Hofstaat. „In der Tatsache, dass die Engel wesensmäßig bei Gott und damit erhaben über alles Zeitliche und Irdische sind, liegt der Ansatzpunkt für die mönchische apotaxis unter dem Gesichtspunkt des engelgleichen Lebens. Der Mönch, der diesen Zustand nachahmen möchte, beginnt sein Vorhaben deshalb mit der Trennung von der Welt. Er bricht auf zur Wanderung zum himmlischen Hofstaat. Im engelgleichen Leben will er die endzeitliche Zugehörigkeit zur himmlischen Welt vorwegnehmen." (Frank, 18)

Von daher ist es für die Mönche ein wichtiges Merkmal des engelgleichen Lebens, aus der Welt auszuziehen und einen neuen Lebensraum zu suchen und ihn dann in der Wüste auch zu finden; nämlich dort, wo kein geschäftiges Treiben herrscht, fern den Siedlungen und Ortschaften; dort, wo Stille und Einsamkeit vorherrschen; dort, wohin sich der Teufel zurückgezogen hat.

Dieses Motiv findet sich bei allen Mönchsvätern, insbesondere bei Antonius, der als der Vater des mönchischen und anachoretischen Lebens gilt. Mönch werden heißt, in die Wüste ausziehen. Die Interpretation dieses Schrittes kann man negativ als Weltflucht, positiv aber auch als Einkehr und Besinnung auf das Eigentliche sehen.

Das engelgleiche Leben mit dem Motiv des Auszugs und der Absage an die Welt beinhaltet für die Mönche eine dreifache Trennung: von den Dingen der Welt, von allen Gedanken und Erinnerungen sowie von der Unwissenheit. Das Bürgerrecht der Wüstenväter ist mit dem Auszug in die Wüste im Himmel, was eine rigorose Trennung von den eigenen Angehörigen und Freunden beinhaltet – zumeist ist es ja dieser Sachverhalt, den viele heute noch mit einem Kloster und einem Klostereintritt verbinden.

Für das engelgleiche Leben gelten extreme Fastenvorstellungen, denn die Engel im Himmel brauchen nicht mehr zu essen. Sie leben aus einer anderen, einer tieferen Quelle: „Der Mönche ganzes Streben ist nur auf die Nachahmung der Engel gerichtet ... sie frönen nicht der Schwelgerei; ja, abgesehen von ein paar Kleinigkeiten, leben sie, als hätten sie keinen Leib" (Chrysostomus, zitiert nach: Frank, 26f).

Ein engelgleiches Leben zeichnet sich auch dadurch aus, dass die Mönche auf Schlaf verzichten, den die Engel als reine Geistwesen auch nicht nötig haben. Das natürliche Schlafbedürfnis soll dadurch vermindert werden, dass der Mönch nur stehend oder höchstens sitzend ein paar Stunden schlafend zubringt. Das Wachsein dient dann dem ständigen Lobe Gottes, worin die Mönche in der Wüste die Hauptaufgabe der Engel sehen. Nicht Leibfeindlichkeit, sondern der Wunsch, es den Engeln gleichzutun, ist die Triebfeder des Wachens. „Dazu ist es wie ein Ausstrecken nach der Gabe der Unsterblichkeit, die dem paradiesischen Menschen geschenkt war und dem Engel erhalten geblieben ist; denn wer unsterblich ist, bedarf ja des Schlafes nicht" (Frank, 28f).

So wie die Engel weder Essen noch Schlaf benötigen, so sieht es auch mit der Kleidung aus. Ein Engel bedarf keiner feinen Kleider, ebenso wenig der Mönch. All ihr Tun und ihr Lassen, viele Kleinigkeiten im Alltag zeichnen das engelgleiche Leben aus, nicht nur z.B. die Lebenshaltung der Keuschheit: „Wer nach dem engelgleichen Leben strebt, strebt jeden Tag danach und erweist eben durch sein Streben, dass er engelgleich lebt" (Frank, 39).

Die Gebote Gottes erfüllen
Neben diesen Übungen und alltäglichen Ausdrücken gilt es als Grundvollzug engelgleichen Lebens, die Gebote Gottes zu erfüllen, eben Gott und den Nächsten zu lieben wie sich selbst und sich in die Tugenden einzuüben, um so immer mehr den Engeln gleich zu werden: Rechtgläubigkeit, Gottesfurcht (eines der wichtigsten Motive), der Gedanke an den Tod, der Gedanke an das Gericht (das schlimmste war für den Mönch, im Gericht als jemand zu gelten, dem die Gemeinschaft mit den Engeln nicht zugesprochen werden kann), die Demut.

Der Auszug um des engelgleichen Lebens willen ist gleichbedeutend mit dem Verzicht auf die Güter dieser Welt, also mit einer selbstgewählten Armut. Wie die Engel nichts mehr haben, weil sie nichts benötigen außer der Gegenwart Gottes, so soll auch der Mönch nichts mehr besitzen. Die radikale Armutspraxis hat ihren geistigen Ort im Streben nach der engelgleichen Gottverbundenheit. Ebenso verhält es sich mit dem Gehorsam. „Modell für die mönchische Gehorsamshaltung ist wieder der Dienstengel vor Gottes Thron, der den Willen Gottes vollbringt und die Regeln des himmlischen Hofes aufs genaueste beobachtet" (Frank, 52). Die im Gehorsam Lebenden sind nicht von der Gemeinschaft mit den Engeln getrennt.

Zum engelgleichen Leben gehört nicht nur die eigene Übung oder die Geisteshaltung oder der mönchische Kontext, unerlässlich ist es ebenso für das Leben, nach dem Vorbild der Engel den Menschen mit Rat und Tat zur Seite zu stehen, ihnen zu ihrem Heil zu dienen. Soziale Verantwortung ist ein Grundmotiv des mönchischen Alltags und damit des engelgleichen Lebens. Gleichzeitig kann der Mönch andere aber nur heilen, wenn er selbst sich dem Heilungsprozess unterwirft. „Die soziale Richtung der monastischen ‚vita angelica' ist dem Mönchtum von Anfang an vertraut. Der Umstand, dass hilfesuchende Menschen sich an den Mönch als Fürsprecher wandten, führt zu einem wichtigen Begriff der frühen Mönchsliteratur, zur Parrhesia." (Frank, 67f) Mönchsein und Engelsein bedeutet Fürsprecher sein.

Neben der Sorge für den Mitmenschen ist den Mönchen der Kampf mit den Dämonen etwas, was sie mit den Engeln zutiefst verbindet. Es ist die Berufung des Menschen, die Stelle der gefallenen Engel einzunehmen; der Mönch ist daher der erste, den der Teufel mit seinen Dämonen treffen will.

Die erste Ausrichtung der Engel wie des Mönchs ist die Ausrichtung auf Gott, die ihre Erfüllung und ihren Ausdruck insbesondere im Gebet und der Beschauung findet.

Lebt der Mönch in dieser Art und Weise wie die Engel, geschieht es, dass auch die Engel ihren Teil zur Engelsgemeinschaft leisten: „Die Bewegung der Mönche zum Stand der Engel erhält ihre Antwort in der Bewegung der Engel zu den Mönchen: Mönch und Engel treten miteinander in Gemeinschaft. Zwischen Mönch und Engel bildet sich eine Allianz. Im Dienst Gottes gegen die Feinde Gottes." (Frank, 97) So trägt alles dazu bei, insbesondere auch das Wohnen in den Bergen und damit die räumliche Nähe zum Himmel und die Abgeschiedenheit. Die Apophthegmata Patrum sprechen immer wieder davon, dass Engel die Mönchsväter besuchen und eine traute Gemeinschaft mit ihnen bilden oder dass Engel die Mönche beschützen und sogar beim Sterben einzelner Mönche anwesend sind.

Das Mönchsleben ist das wiederhergestellte Paradies – das Leben wie die Engel mit den Engeln.

Insgesamt gesehen ist das Leben der Engel ein großes Leitbild für das Leben der frühen Mönche. Sie wollen, wie auch die Patriarchen, Propheten und Apostel, die Engel nachahmen, nicht nur im ethischen Sinne mit der Perspektive der Nachahmung, sondern sie wollen werden wie sie, denn die Engel leben in der Anschauung Gottes, und das ist das Ziel des mönchischen Lebens. Das engelgleiche Leben ist formgebend für alle Bereiche mönchischen Lebens: für die Askese, für alle Tätigkeiten, für das Gebet und für die Gottesschau. Gleichzeitig ist es von enormer Bedeutung, zu sehen, dass das engelgleiche Leben eine Metapher ist, die nie den Bereich der Analogie überschreiten kann; die Engel leben in einer anderen Stufe des Seins als die Menschen; eine Stufe, die diese nicht einnehmen können.

„Zur christlichen Existenz gehört die Möglichkeit geistiger Vorwegnahme des jenseitigen, himmlischen Lebens. Von jedem Christen gilt, dass er mitauferweckt und mithineinversetzt ist in den Himmel, dass sein Bürgerrecht im Himmel ist. Diese Zugehörigkeit zum Himmel ist für jeden Christen eine reale Größe. Im Mönchsleben wird der Realitätsgrad noch gesteigert, da der Mönch die Wiederherstellung und Vorwegnahme täglich sichtbar lebt in engelangleichender Askese und engelgleicher Tätigkeit. Der Topos vom engelgleichen Leben verliert so seinen nur metaphorischen Charakter. Er meint eine Wirklichkeit, die mit dem Christsein grundsätzlich gegeben ist und im jenseitigen Leben vollendet wird, die am besten bezeichnet wird als ‚keimhafte Wirklichkeit'." (Frank, 122)

Franziskus – der himmlische Seraph

Interessanterweise wird der hl. Franziskus von Assisi oftmals in den Schriften des eigenen Ordens als der seraphische Heilige oder auch als der seraphische Vater tituliert. Schon früh wird Franziskus im Zusammenhang mit Seraphen und Engeln gesehen; bereits Bonaventura nennt Franziskus den ‚Engel des sechsten Siegels'. Franziskus ist für Bonaventura der Engel des sechsten Siegels, der beim Öffnen des vorletzten Symbols (der Apokalypse) für die ganze Schöpfung Heil und Rettung kündet und der Wiederkunft Christi vorausgeht. Bonaventura liebt den Vergleich mit einem Engel für Franziskus. Er ist wie einer aus dem Chor der Brennenden geworden: ganz in der Nähe Gottes leben und entflammt von Gottes Liebe, die er nun zur Erde trägt – also ein Bote Gottes, der all die Dimensionen des engelgleichen Lebens der frühen Mönchsväter in sich vereinte und lebte: „Zuerst mit himmlischen Gnadengaben bedacht, dann mit den Verdiensten unübertrefflicher Tugend gekrönt, ja mit Prophetengeist erfüllt, zu Engeldienst erwählt, ganz von seraphischer Glut entflammt und als hierarchischer Mann auf feurigem Wagen emporgetragen, wurde er, wie der Lauf seines Lebens deutlich bezeugt, mit Recht als ein Mann erfunden, der da erschienen ist im Geist und in der Kraft des Elija. Daher heißt es nicht zu Unrecht, ein anderer Freund des Bräutigams, der Apostel und Evangelist Johannes, habe ihn treffend in einer Weissagung unter dem Bild des Engels bezeichnet, der vom Aufgang der Sonne aufsteigt und das Zeichen des lebendigen Gottes trägt. ‚Bei der Öffnung des sechsten Siegels' –

sagt Johannes in der Geheimen Offenbarung – ‚sah ich einen anderen Engel vom Aufgang der Sonne aufsteigen, der das Zeichen des lebendigen Gottes trug'." (Bonaventura, 252)

Dass Franziskus als der himmlische Seraph betitelt wird, bedeutet, dass Franziskus in der Tradition als jemand gesehen wurde und wird, der eine unmittelbare Nähe zum Vater gelebt hat und weiterhin lebt. Die Liebe zum Sohne Gottes, sein unbedingter Wille zur Nachfolge und die stete Ausrichtung auf die göttliche Liebe bewirken, dass er sogar in den Stigmata Jesus gleich wird, was wiederum eine große Nähe zu den göttlichen Geheimnissen beinhaltet. Sein Leben wird dem Sohne Gottes sehr ähnlich; er wendet sich denen zu, die am Rande leben, denen keiner hilft, die in den Augen anderer nichts gelten. Er lebt die Nachfolge Christi, indem er ganz den Weg Christi zu gehen versucht. Und sein Leben und seine Person haben schon bald eine enorme Ausstrahlung: „Seine eigenen Mahnworte und Gebete und die Zeugnisse seiner Gefährten sind das hohe Lied auf eine einzigartige Liebe; es ist die Gottes- und Bruderliebe, die Jesus Christus uns gebracht und die er im Evangelium von uns verlangt. Wir dürfen sagen, dass diese Liebe in Franziskus, der Forma Minorum, Gestalt angenommen hat." (Linden, 119)

Das Geheimnis der Menschwerdung und die darin sich aussprechende gewaltige Liebe Gottes zur ganzen Schöpfung hat Franziskus zeit seines Lebens nicht mehr losgelassen. So will er mit seinem Leben nur eines: Gott loben – genau wie es im Bild und in der Vorstellung der Tradition des Mittelalters und auch der Mönchsväter Aufgabe und Werk der Engel ist: Gott zu loben ist unser Amt. So erkennt er in allem, was ihm begegnet, die Spuren der Liebe. Im Heiligsprechungsprozess drückt es Thomas von Celano, sein Biograph, wie folgt sehr schön und deutlich aus:

„Obwohl er die Welt als den Verbannungsort unserer Pilgerschaft zu verlassen eilte, hatte er doch, dieser glückliche

Wanderer, seine Freude an den Dingen, die in der Welt sind, und nicht einmal wenig. Gegen die Fürsten der Finsternis gebrauchte er die Welt als Kampfplatz und Gott gegenüber als klaren Spiegel seiner Güte. In jedem Kunstwerk lobte er den Künstler; was er in der geschaffenen Welt fand, führte er zurück auf den Schöpfer. Er frohlockte in allen Werken der Hände des Herrn, und durch das, was sich seinem Auge an Lieblichem bot, schaute er hindurch auf den Leben spendenden Urgrund der Dinge. Er erkannte im Schönen den Schönsten selbst; alles Gute rief ihm zu: ‚Der uns erschaffen, ist der Beste!' Auf den Spuren, die den Dingen eingeprägt sind, folgte er überall dem Geliebten nach und machte alles zu einer Leiter, um auf ihr zu seinem Thron zu gelangen. Mit unerhörter Hingebung und Liebe umfasste er alle Dinge, redete zu ihnen vom Herrn und forderte sie auf zu seinem Lobe. [...] Mit dem Namen ‚Bruder' rief er alle Lebewesen, wenn er auch von allen Tieren die zahmen bevorzugt liebte. Wer könnte hinreichend alles aufzählen? Jene Urgüte, die einst alles in allem sein wird, verklärte ja diesem Heiligen schon hienieden alles in allem." (2 Celano 165)

Er muss seinen Zeitgenossen und den Biographen in der Tat wie ein Mensch vorgekommen sein, der eine außergewöhnliche Liebe lebt. Eine Liebe zu allem, was lebt, das zeichnet Franziskus aus; aus der tiefen Gottesliebe heraus in allem Gott loben, das tut er – und darin, so das Empfinden seiner Zeitgenossen, ist er wie die Engel: ein Seraph, ein himmlischer Seraph, der mit seinem Leben das Lob Gottes und die Liebe Gottes zum Menschen durchbuchstabiert und konkret verdeutlicht: also ein himmlischer Seraph, der zugleich auch die wichtigste Aufgabe, die den Engeln zugeschrieben wird, wahrnimmt: ein Bote der Liebe und Nähe Gottes zu sein.

Franziskus lebt nicht nur entsprechend, vielmehr weist er auch seine Brüder und alle Menschen, die ihm begegnen, an, es ihm gleichzutun: „‚Die Liebe dessen', sprach er, ‚der uns soviel geliebt hat, müssen wir von Herzen lieben!'" (2 Celano 196)

Nicht Weltflucht und Weltfeindlichkeit zeichnen Franziskus aus, sondern die Ernstnahme dessen, was Leben und Welt heißt; auch wenn ihn eine unbändige Sehnsucht nach den himmlischen Gütern prägt und er ganz mit dem Vater im Himmel vereint sein möchte. Die Heimat des Menschen, so Franziskus, ist bei Gott – hier auf Erden, insbesondere aber im Himmel.

Der Sonnengesang des Heiligen zeigt es in einzigartiger Weise: alles ist von Gott geschaffen, also ist alles zum Lobe Gottes – und Nachfolge Christi heißt zunächst nichts anderes, als dieses Lob mit dem eigenen Leben zu konkretisieren: nicht Verzicht, nicht Gebet, nicht Caritas, nicht Bußübungen sind das Primäre, sondern der Geist, aus dem heraus diese Übungen allein ihren Sinn erhalten: das Lob Gottes – darum geht es Franziskus; und das macht er mit dem Lied auf seinem Sterbebett noch einmal in bis heute unübertroffener Weise deutlich: „Erhabenster, allmächtiger, guter Herr, dein sind der Lobpreis, die Herrlichkeit und die Ehre und jegliche Benedeiung. Dir allein, Erhabenster, gebühren sie, und kein Mensch ist würdig, dich zu nennen. Gepriesen seist du, mein Herr, mit allen deinen Geschöpfen." (Sonnengesang, in: Die Schriften, 214)

Je tiefer Menschen ihm das Kreuz und die Erniedrigung Christi vor Augen stellen, um so mehr liebt er sie und möchte ihnen helfen, ihnen deutlich machen, dass einer mit ihnen geht und sie trägt, in ihrer Armut, in ihrem Schmutz, in ihrer Erniedrigung – und dass sie eine eigene Würde haben, die ihnen niemand nehmen kann, weil sie aus Gott und seiner Liebe zu den Menschen resultiert. Diese Botschaft lebt er und bringt sie als Bote Gottes, als himmlischer Seraph, um in der alten Sprache zu sprechen, zu den Menschen seiner

Zeit – und wahrscheinlich ist es auch das, was heute noch so viele Menschen an diesem kleinen und unscheinbaren Mann aus Assisi fasziniert: ein Bote der Liebe Gottes, in einfachen, klaren Worten, in konkreten Taten und einer radikalen Lebensweise – eben ein Engel.

Darin lassen sich dann mehr oder weniger auch all die Elemente finden, die die Mönchsväter Jahrhunderte zuvor in der Wüste mit dem engelgleichen Leben verbinden: Einsamkeit und Stille, Lob und Dienst, Caritas und Gebet, Keuschheit und Gehorsam – Evangelium und Kreuz.

Nicht nur, dass Franziskus als ein Engel betrachtet wird und für seinen Biographen Bonaventura der Engel des sechsten Siegels ist, vielmehr verehrt er in seinem Leben immer wieder in besonderer Weise die Gestalten der Engel. Sie sind für ihn Geschöpfe Gottes, die von Gott dem Menschen als Boten und Begleiter an die Seite gestellt wurden: „Die Engel, die uns im Kampfe zur Seite stehen, die mit uns wandeln mitten im Schatten des Todes, verehrte er [Franziskus] mit größter Liebe. Sie seien überall als Gefährten hoch zu achten, meinte er, und ebenso als Beschützer anzurufen. Ihren Blick dürfe man niemals beleidigen, lehrte er, noch in ihrer Gegenwart sich etwas herausnehmen, was nicht auch vor Menschen geschehen könnte. Deshalb, weil im Chor vor dem Angesicht der Engel die Psalmen gebetet werden, wollte er, dass alle Brüder, die könnten, im Oratorium zusammenkämen und dort mit Weisheit psalmodierten." (2 Celano 197)

Die Engel sind für ihn die Gestalten, die einmalig in der Nähe Gottes stehen und sich ganz dem Gottesdienst widmen. So ist für ihn sogar das Betteln eine engelgleiche Betätigung, weil es allein zum Lob Gottes geschieht und der Mensch im Betteln ganz von sich absieht.

„Als hohes Glück pries er es darum, in der Eigenschaft des Minderbruders betteln zu gehen, weil der Lehrer des wahren Evangeliums selbst sie bei der Belohnung der Gerechten ausdrücklich erwähnt habe. Gewöhnlich ging er auch, wenn es angebracht war, an den Hochfesten betteln, indem er sagte, an den heiligen Armen erfülle sich das Wort des Propheten: ‚Brot der Engel genießt der Mensch.' Engelsbrot nannte er deshalb dieses Brot, weil es um der Liebe Gottes willen erbeten und aus Liebe zu ihm auf Eingebung der seligen Engel an den Türen den heiligen Armen gereicht werde." (Bonaventura, 314)

2. Engel in der eigenen Biographie erfahren

„Engel wollen verhindern, alles nur vordergründig und banal aufzufassen."
(H. Vorgrimler)

In der Betrachtung der Texte des Alten und Neuen Testaments muss man immer wieder einer Tatsache Rechnung tragen, die eine unmittelbare Übertragung der Texte auf die heutige Zeit in mancherlei Hinsicht erschwert: das Welt- und Menschenbild der Bibel. Das betrifft insbesondere auch die Texte, in denen von den Engeln die Rede ist. Der Versuch, diese Texte als Informationstexte über die Engel zu lesen und sie gar noch zu systematisieren, dürfte zum Scheitern verurteilt sein, zu divergent ist das Weltbild, zu unterschiedlich das Zeitempfinden.

Doch eines wird an den Texten der Bibel bzgl. Engel deutlich: Gott begegnet seinem Volk und den einzelnen Menschen seines Volkes im Alltag, dort, wo sie leben, arbeiten, feiern und sterben. Dort begegnen ihnen auch die Boten Gottes, die Engel, ob den Propheten im Alten Testament oder Maria im Neuen Testament – die Boten suchen sie an ihren Orten und in ihrer Welt auf. Gott ist es ernst mit dem

Menschen, so ernst, dass ihm alles, was menschliches Leben ausmacht, wichtig ist und er den Menschen in seiner Alltäglichkeit und in seinem Alltag wahr- und ernst nimmt.

Die Engel vermitteln dabei nicht nur die Botschaft Gottes, sie vermitteln auch seine Nähe, ja oftmals seinen Schutz. Sie helfen den Betreffenden, den Willen Gottes zu deuten und den Sinn zu erschließen. Auch darin erscheinen sie als Boten, die die Nähe Gottes vermitteln. Manchmal tun sie das allerdings auch in erschreckender und heftiger Art und Weise. „Die Boten Gottes wollen also die Alltäglichkeit des Menschenlebens in dem Sinn durchbrechen, dass sie verhindern, alles nur vordergründig und banal aufzufassen" (Vorgrimler, Wiederkehr, 70).

Engel – im Dienste Gottes stehen

Engel verdeutlichen, dass Gott nicht in fernen Himmeln thront und sich vom Schicksal der Welt weiter nicht beeindrucken lässt. Das entspricht nicht dem alten Weltbild. Der Ort Gottes ist nicht über der Erde, sondern er ist überall. Er kommuniziert mit der Welt und den Geschöpfen auf vielfältige und unterschiedliche Weise. Er hält sich nicht aus der Welt heraus. Bedarf dann der Mensch, wenn Gott ihm nahe sein will, wenn er zu allem Geschaffenen unmittelbar sein will und ist, wenn das Herz des Menschen zur Wohnstätte Gottes werden soll – bedarf es dann noch eines Mittlers oder Boten? Wenn ein Mensch sich seiner Beziehung zu Gott im Klaren ist, dann benötigt er keine Boten, welcher Art auch immer; doch gibt es immer wieder Momente im Leben eines jeden Einzelnen, in denen Menschen oder Boten oder Ereignisse notwendig waren und werden, um das Dasein zu deuten und die Spuren Gottes zu verdeutlichen. „Anschaulichkeit, Sinne, Worte, Erzählen, Denken: Das sind geschaffene Realitäten, die die Unmittelbarkeit einer Gottesbeziehung nicht stören, obwohl sie für sie unentbehrlich sind. Ihre genaue Funktion kann man so bezeichnen: Bewusstmachen und Verdeutlichen, Verstehenkönnen und Aussprechbarmachen." (Vorgrimler, Wiederkehr, 91)

Die entscheidende Frage, so Vorgrimler, ist nicht, ob es Engel gibt, sondern wie sich Gott dem Menschen nähert. Augustinus, auf den er sich beruft, schreibt über die Engel, dass Engel eine Bezeichnung für eine Aufgabe, nicht für ein Wesen oder eine Gattung ist. Die Aufgabe besteht darin, im Dienst Gottes zu stehen und Boten Gottes zu sein. So stellt sich die Frage, wo und in welcher Form dem Menschen heute diese Boten begegnen können.

Engel im Alltag
Auf verschiedene Art und Weise können Engel heute im Alltag der Menschen auftauchen, Engel ganz im augustinischen Sinne als Boten Gottes, als Wesen, die einen Auftrag Gottes erfüllen.

So können im Leben eines Menschen andere Menschen als Engel und Gottes Boten erscheinen; Menschen, die die Liebe und die Nähe Gottes handgreiflich werden lassen, so wie es viele Menschen an und durch Franziskus und Klara von Assisi haben erfahren dürfen. Es sind dann nicht nur Boten Gottes, sondern vielmehr auch Geschenke Gottes an den Menschen, der durch andere Menschen erfahren darf, dass Gott ihm nahe ist und dass Gott in der Welt nach wie vor am Werke ist, ja, dass es ihn gibt. Menschen, die ihr Leben ganz am Evangelium orientieren und es zu leben versuchen, indem sie sich in den Dienst am Menschen stellen, können anderen Menschen in den unterschiedlichsten Situationen als Engel erscheinen: ‚Du bist wie ein Engel' – vielfach wird heute und wurde, ob in der Literatur oder in der Geschichte, dieses Attribut Menschen zugesprochen.

Es sind dies insbesondere Erfahrungen von Menschen, in denen das Antlitz Gottes aufleuchtet oder die seine Spuren im Alltag verdeutlichen. Es kann jedoch auch sein, dass Engel Verhärtetes im Menschen aufbrechen, indem sie ihn erschüttern, ihn aufrütteln und aus Träumen in die Realität reißen. Es sind die Engel in Menschengestalt, die zeigen, dass Gott sich in sehr vielfältiger Weise dem Menschen nähern und ihm nah sein kann, ja, nah sein will.

Engel wollen zu Gott führen
Träume können Gottes Boten vergegenwärtigen und sozusagen als Boten Gottes in das Leben Einzelner eindringen. Die Sprache der Träume kann manchmal sehr eindringlich sein und den Einzelnen einen Weg weisen zu geglücktem Leben. In der Bibel erscheint Gott immer wieder einzelnen Menschen in Träumen. Von daher gilt es, die Träume und vor allem die Botschaft mancher Träume nicht zu vernachlässigen.

Im Leben des Menschen gibt es Zusammenhänge und Geschehnisse, die sich nicht logisch oder wissenschaftlich erklären lassen: Vorahnungen oder Voraussagen, seltsame Verbundenheit zwischen Menschen oder auch die vielen Phänomene, die in den Bereich der Parapsychologie fallen; Phänomene, die nichts mit Wahnvorstellungen oder krankhaften Zuständen zu tun haben; Phänomene aber, die zeigen, dass es im Leben des Menschen Mächte, vielleicht auch Geistmächte gibt, die nicht unmittelbar zu erklären sind, die sich dem wissenschaftlichen Zugang entziehen; Phänomene, die nicht aus Fleisch und Blut greifbar und handhabbar sind. Auch solche Phänomene können Engel Gottes sein, so wie auch die Bibel überindividuelle Kräfte und Mächte positiver und negativer Art kennt, Energien und Wirkweisen, die Menschen positiv beeinflussen. Warum sollte Gott sich nicht auch psychischer oder anderer Energiequellen bedienen, die den Menschen beeinflussen können bzw. ihn als Boten und als Engel in eine Richtung führen können?

Und wie sieht es aus mit den persönlichen Engeln, von denen in der Bibel die Rede ist, wie z.B. die großen Schutzengel und Erzengel Raphael, Michael und Gabriel, deren Feste die Kirche heute noch feiert? „Wenn ein Mensch davon überzeugt ist, dass er ganz persönlich Gott ans Herz gewachsen ist, dass Gott sich um ihn sorgt und ihn zu geleiten versucht; wenn er in dieser Glaubensüberzeugung der Meinung ist, dass Gott ihn auch mit geschaffenen Kräften umsorgt und ihn von wunderbaren Mächten geborgen sein lässt; wenn ein solcher Mensch dabei Lobpreis und Bitte allemal an Gott selber als den alleinigen Herrn richtet, dann würde sich die Möglichkeit eines geläuterten Schutzengelglaubens zeigen." (Vorgrimler, Wiederkehr, 104) Hier wird deutlich, dass der Glaube an den personalen Gott, der den Menschen anspricht und mit ihm in Beziehung treten will, im Vordergrund und im Mittelpunkt steht. Engel als Wesen eines ‚Dazwischen', eines Raumes, der sich den Menschen entzieht und der von Gott her kommt und beeinflusst wird, solche Wesen kann es geben, wenn sie dieser personalen Beziehung zwischen Gott und Mensch dienen, wenn sie zu Gott hin führen wollen und die Nähe deutlich machen, die er dem einzelnen Menschen zukommen lassen will. Sich auf das dualistische Weltbild einzulassen, das in vielen Engelvorstellungen vorkommt, das vor allem auch in manchen Gruppierungen innerhalb und außerhalb der Kirche eine Rolle spielt und in welchem es dann um den Kampf zwischen den guten und den gefallenen Engeln geht, das ist sicherlich nicht mit der Offenbarung Gottes in Jesus Christus vereinbar. In der Tradition der Theologie wurde immer wieder heftig über die Engel und über die Frage gestritten, ob es sie in individueller Form gibt. Wichtig scheint zu sein, dass es bei der Frage der Engel um die Gottesbeziehung und um ein geglücktes Leben aus dem Glauben an Gott, der sich in Jesus Christus den Menschen offenbart hat, geht. Verselbstständigt sich der Glaube an den Engel oder auch Schutzengel, wird zum Engel gebetet und nicht mehr zu Gott, steht der Glaube an den Engel und seine Wirkmächtigkeit oder auch Beeinflussbarkeit im Leben des Einzelnen im Mittelpunkt, dann ist das sicherlich ein falscher Weg und nicht der christliche Weg, mit den Engeln umzugehen. Sie sind Boten vielfältiger und sehr unterschiedlicher Gestalten, die nichts anderes wollen als den Menschen zur gelebten Gottesbeziehung zu führen.

Gott ist absolut souverän und sowohl die Engel als auch der Mensch sind ihm untergeordnet, auch wenn er ihnen nah ist und sein will.

Die Bibel geht davon aus, dass es Engel gibt. Die Darstellung ist unsystematisch, z.T. widersprüchlich und manchmal sehr verhalten. So ist es wahrscheinlich auch heute müßig zu fragen, wie denn Engel aussehen oder wie man sie sich vorzustellen hat. Können sie nicht Synonyme sein für die vielfältigen Weisen, in denen Gott dem Menschen nahe sein will, und für die Art, wie er seine Botschaften sendet?

Anselm Grün stellt einen Zusammenhang her zwischen den Engeln und den Grundhaltungen menschlichen Lebens. Er bringt in sehr deutlicher Akzentuierung diese Grundhaltungen mit Menschen zusammen, die einander Engel werden können, die einander zu dieser Haltung führen können. So schreibt Grün z.B. über den Engel der Achtsamkeit: „Ich wünsche Dir, dass Dich der Engel der Achtsamkeit immer tiefer in die Kunst des Lebens einführt, damit Du die Lust am Leben entdeckst und alles mit Aufmerksamkeit und Hochachtung tust, weil alles wertvoll, weil alles von Gott wunderbar geschaffen und von Seinem Geist beseelt ist" (Grün, 50 Engel, 121).

Engel sind randständige Phänomene. Sie sind wie selbstverständlich in der Bibel, und sie tauchen wie selbstverständlich in vielen Bereichen des menschlichen Alltags heute auf. Engel begleiten den Menschen. Innerhalb der Biographie des Einzelnen ist es wichtig zu sehen, in welchen Weisen Gott dem Menschen nahe sein will; zu sehen, dass es nicht die großen Offenbarungen oder Umkehrerlebnisse eines Saulus zum Paulus sind, in denen Gott dem Menschen begegnet und ihn führt. Es sind die vielen kleinen Dinge des Alltags, die vielen Phänomene, die sich im Bewussten und Unbewussten des Menschen abspielen, auch die vielen Menschen, die sich wie Engel im Leben des Einzelnen erweisen: Boten der Liebe und Nähe Gottes, Boten der Achtsamkeit, der Geduld, der Wertschätzung – Boten des Lebens.

Insofern ist die Renaissance der Engel heute nicht etwas, was von theologischer Seite nur mit einem Lächeln oder mit einem Abwinken als nicht zum Zentrum des Glaubens Gehöriges abgetan werden sollte. Engel zeigen die Sehnsucht des Menschen nach einem Leben, das getragen ist, das auf ein Mehr verweist, das auch geführt ist, in dem nicht alles erklärbar und deutbar ist – ein Leben mit und im Geheimnis. Engel sind Symbolgestalten dafür – Hilfen auch, sich für den Alltag zu sensibilisieren und alles, was dem Menschen dort begegnet, ernst, ehrfurchtsvoll und achtsam zu betrachten. Um noch einmal die Stelle aus dem Hebräerbrief zu zitieren, wo von der Gastfreundschaft die Rede ist: „Vergesst die Gastfreundschaft nicht; denn durch sie haben einige, ohne es zu ahnen, Engel beherbergt." (Hebr 13,2)

Oder an anderer Stelle: „Sind sie [die Engel] nicht alle nur dienende Geister, ausgesandt, um denen zu helfen, die das Heil erben sollen?" (Hebr 1,14) Engel wollen dem Leben dienen, dem Heil.

3. Engel gestalten die Kunst

*„Die Metapher des Engels steht in dieser
profanen Transzendenz auch für eine nicht geglückte oder
verfehlte Anpassung an das Gegebene oder für
den Widerspruch gegen die ‚normative Kraft
des Faktischen' in unserem Dasein."*
(C. Pichler)

Mit der Sprache die Engel beschreiben

Der Engel in der Literatur hat ganz unterschiedliche Gesichter: einmal melancholisch unerlöst, einer, der immer leben muss, nie sterben darf, vor sich hin fault, weil ihn eigentlich in unserer Zeit keiner mehr braucht; dann der Tollpatsch – oft aber auch der, der Hilfe verspricht, sie aber nicht einhält oder am ewigen Leben verzweifelt; er ist der Träumer, oder auch der Rebell. Engel sind die Wesen, die einen Auftrag hatten, aber nicht mehr wissen, wie dieser lautete.

Ohne Auftrag

*Keiner von euch
weiß mehr
seinen Auftrag,
kennt mehr
den Weg zwischen
Himmel und Erde,
die rettenden Sätze,
die Verkündigung.
Wer von euch
wagt noch zu sprechen –
die Hirten verkamen
wie die Herrscher.*

*Grau bedecken sie
die Erde, die
sie nicht mehr will.*

Worte, die so ganz anderes zum Ausdruck zu bringen scheinen, als es in dem Ruf und der Sehnsucht nach dem Engel überall in der gegenwärtigen Gesellschaft zum Ausdruck kommt. Der Engel weiß selbst nicht mehr, wo es lang geht, vermag selbst keine Orientierung mehr zu geben, weil er nicht mehr zwischen Himmel und Erde unterscheiden kann. Er weiß die rettenden Worte nicht mehr.

Vielleicht ist es das Gefühl der Dichter, die die Sehnsucht hinter der ‚Engelmanie' spüren, diese ins Wort bringen und entlarven: die Sehnsucht nach dem Mehr nach Leben in einem Leben, das sich aber dem Mehr nach Leben verschließt. Stehen die Engel und die Flucht in die Engelwelt für das Unvermögen des Menschen, seiner Sehnsucht nach Religion und Gott Ausdruck zu verleihen? Stehen sie für das Unvermögen zu erkennen, wohin das Leben geht, was das Leben trägt und was das Leben lebenswert macht, ja, ihm den Atem des Lebens einhaucht? Stehen die Engel als Sehnsuchtsfiguren für ein vollkommeneres menschliches Leben – und entlarven die Dichter diese Sehnsucht, indem sie den Menschen auf sich selbst verweisen? So wie Härtling in seinem Gedicht?

Der Engel ist auch in den Werken von Heinrich Böll eine markante Figur: so vor allem auch in seinem posthum veröffentlichen Werk: ‚Und der Engel schwieg'. „[...] rechts in der dunklen Nische stand jemand, jemand, der sich nicht bewegte; er ersuchte, etwas zu rufen, das wie ‚Hallo' klang, aber seine Stimme war klein vor Angst, und das heftige Herzklopfen behinderte ihn. Die Gestalt im Dunkeln rührte sich nicht; sie hielt etwas in den Händen, das wie ein Stock aussah – er ging zögernd näher, und auch, als er erkannte, dass es eine Plastik war, ließ das Klopfen seines Herzens nicht nach: er ging noch näher und erkannte im schwachen Licht einen steinernen Engel mit wallenden Locken, der eine Lilie in der Hand hielt; er beugte sich vor, bis sein Kinn fast die Brust der Figur berührte, und blickte lange mit einer seltsamen Freude in dieses Gesicht, das erste Gesicht, das ihm in der Stadt begegnete: das steinerne Antlitz eines Engels, milde und schmerzlich lächelnd; Gesicht und Haar waren mit dichtem dunklem Staub bedeckt, und auch in den blinden Augenhöhlen hingen dunkle Flocken; er blies sie vorsichtig weg, fast liebevoll, nun selbst lächelnd, befreite das ganze milde Oval von Staub, und plötzlich sah er, dass das Lächeln aus Gips war – aber er blies weiter, reinigte die Lockenpracht, die Brust, das wallende Gewand und säuberte mit vorsichtigen spitzen Atemstößen die gipserne Lilie – die Freude, die ihn beim Anblick des lächelnden, steinernen Gesichtes erfüllt hatte, erlosch, je mehr die grellen Farben sichtbar wurden, der grausame Lack der Frömmigkeitsindustrie, die goldenen Borden am Gewand – und das Lächeln des Gesichts erschien ihm plötzlich so tot wie das allzu wallende Haar. Er wandte sich langsam ab." (Böll, Und der Engel, 8)

Hier scheint vieles von dem zusammengefasst, was die Engel so modern sein lässt, bzw. die Engel werden in ihrer Modernität und der oft gleichzeitig daraus resultierenden Geschmacklosigkeit gut dargestellt.

Engel erscheinen als personifizierte Wesen einer anderen und glücklicheren Welt. Sie verheißen Heil und Hoffnung, Geborgenheit und Erfüllung von Sehnsucht. So nimmt es nicht wunder, dass der Ich-Erzähler im ersten Moment glücklich ist über die Begegnung mit dem steinernen Engel, der auch noch lächelt. Doch im allerersten Moment greift Böll in der Begegnung nicht die Freude, sondern ein Motiv auf, das vor allem in Neuen Testament in der Begegnung mit Engeln ein wichtiges Moment ist, auf das keine Erzählung verzichten will: ob Maria, ob die Hirten, ob die Jünger auf dem Berg Tabor oder die Frauen am Grab – alle fürchten sich zunächst, sie schrecken zurück und wollen der unvermeidlichen Begegnung ausweichen, denn sie hat zunächst etwas Unheimliches, etwas Geheimnisvolles, das verstört, verschreckt und ängstigt. Doch in allen Fällen scheinen die Engel dieses zu spüren und sie reagieren, indem sie die Personen anreden: Fürchte Dich nicht. Nicht so der Engel bei Böll. Dieser schweigt, weil er aus Stein ist. Die Angst und das Herzklopfen werden nicht durch Worte und Ansprache des Engels ihrer Wirkmacht enthoben.

Doch es ist das erste Gesicht, das er in der zerbombten Stadt entdeckt, und er lächelt es an, er putzt es sauber. Als wenn der Engel selbst darunter leidet, dass er nicht sprechen kann, nicht die erlösenden Worte sagen kann, lächelt er schmerzlich. Und der Ich-Erzähler putzt weiter – bis der Engel desillusioniert sich als ein Produkt der Frömmigkeitsindustrie erweist, etwas, das nicht helfen kann und nicht helfen will – erbärmlich und tot. Und er wendet sich ab –

Zum Ende des Romans taucht der Engel wieder auf, als ob er die gesamte Erzählung einrahmt, der stumme, schmerzlich lächelnde Gipsengel – ein gemeißeltes und unechtes Lächeln, das sich in den Gips hineingefressen hat. So heißt es zum Ende der Erzählung: „Hans stockte, als er die große Vorhalle erreichte, die voll Licht war: links stand der lächelnde Engel, der ihn damals in der Nacht begrüßt hatte. Hans blieb stehen: die Figur schien ihm zu winken oder ihm von der Seite zuzulächeln, und er wandte sich ihr langsam zu: aber die starren Augen blickten an ihm vorbei, und die vergoldete Lilie rührte sich nicht, nur das Lächeln schien an ihn gewandt, und er lächelte leise zurück; jetzt erst, wo die Figur im vollen Licht stand, sah er, dass das Lächeln des Engels ein schmerzliches Lächeln war. Er wandte sich erst um [...]." (Böll, Und der Engel, 187) Wieder keimt Hoffnung in Hans auf, obwohl er es doch besser wissen müsste: der Engel aus Gips lächelt, er lächelt leise zurück, doch am Engel ändert sich nichts mit Ausnahme der Tatsache, dass Hans auffällt, wie schmerzlich der Engel lächelt. Und Hans wendet sich ab, um seiner Freundin den Tod einer Zeugin mitzuteilen. Es ist, als ob er den Tod des Engels verkündet: den Tod der Hoffnung und des Lebens.

Es ist nicht der einzige gipserne Engel, der schweigt und nicht zu helfen weiß. Der Pfarrer im gleichen Roman erlebt Ähnliches. Von einer Säule losgelöst, liegt ein Marmorengel im Schlamm, „erweckte den Eindruck, als sei er niedergeschlagen worden, sei nun an die Erde geschmiegt, um zu weinen oder zu trinken, sein Gesicht lag in einer Schlammpfütze, seine starren Locken waren mit Dreck bespritzt, und seine runde Wange trug einen Lehmflecken; nur sein bläuliches Ohr war makellos. [...] Er schien zu lauschen, und niemand vermochte zu erkennen, ob sein Gesicht Hohn ausdrückte oder Schmerz. Er schwieg". (Böll, Und der Engel, 188) Irgendwie löst die Figur des Engels im Pfarrer, während dieser zu einer Beerdigungsgesellschaft predigt, das Gefühl aus, als wolle er sich gleich bewegen, eine Marmorfigur, ein Abbild, das sich mit Leben füllen kann, füllen soll. Er spricht über den unsichtbaren Boten, der der Verstorbenen von Gott her gesandt wurde, um sie zu holen, um sie zu sich zu holen. „Er schwieg einen Augenblick betroffen: ihm schien, als habe die makellose bläuliche Marmorwange sich bewegt wie in einem Lächeln, und der Pfarrer hob seinen ängstlichen Blick." (Böll, Und der Engel, 189)

Doch der Engel bewegt sich nicht, im Gegenteil, Männer stellen sich auf ihn, weil er Schutz vor dem Schlamm bildet. „Der Engel schwieg; er ließ sich vom Gewicht der beiden

Männer nach unten drücken; seine prachtvollen Locken wurden von gurgelndem Dreck umschlossen, und seine Armstümpfe schienen immer tiefer hinein in die Erde zu greifen." (Böll, Und der Engel, 190f.)

Eine ganz besonders ausdrückliche Darstellung des englisch-himmlischen Zustandes bringt Patrick McGrath in seiner Erzählung ‚Der Engel'. Er schildert einen alten Mann, dessen Leib verfault, der nicht sterben kann und darf. Das faule Fleisch wird von einem Korsett gehalten. „Es dauerte lange genug, nehme ich an, bis mir die ganze Entsetzlichkeit seines Zustands aufging. Ich weiß noch, dass ich dachte, das also bedeutet es, ein Engel zu sein, wenigstens in unseren Zeiten: Das ewige Leben brannte in ihm, während sein Körper, sein Tempel, rund um die Flammen herum zerbröckelte." (McGrath, 189)

Neben diesen sehr desillusionierenden und fragenden Zügen innerhalb der Engeldarstellungen in der Literatur der Gegenwart gibt es auch all die Züge, die bereits in der Darlegung der Engel im Rahmen der Bibel oder auch der Biographie des Einzelnen erläutert wurden und auf die deshalb an dieser Stelle nicht weiter eingegangen werden soll: der Mensch, der dem anderen zum Engel wird, der Bote einer anderen Welt, der Träger von Hoffnung und Sehnsucht.

Doch das Verstörende oder Befremdliche und vor allem Unterschiedliche zu den bisher geschilderten Engeldarstellungen oder Überlegungen zu den Engeln ist das Motiv des gescheiterten Engels, der den Menschen auf sich selbst verweist. In der Literatur der Gegenwart erscheint es oftmals so, als wäre eine Welt ohne Engel eine tragische Welt, eine Welt in Gefangenschaft und falscher Hoffnung. Zumeist trägt der Engel anthropomorphe Züge: Der Mensch wird für den anderen zum Engel. Der Mensch wird auf sich oder den anderen verwiesen, doch die Kombination des Engels mit einer jenseitigen Welt oder gar mit Gott erscheint als sehr fragwürdig.

Die Autoren der Gegenwart als Sprachrohre der Zeit und der Menschen dieser Zeit, als oftmals sich aufgeklärt gebende Menschen um die Jahrtausendwende stehen staunend oder erschrocken vor den Geheimnissen der Schöpfung und ihres Lebens. Sie versuchen die unerklärbaren Phänomene zu benennen, und die Chiffre Engel wird dabei nicht selten gewählt, weil sie eine lange Tradition hat und unverbindlicher oder noch unverständlicher ist als die Chiffre Gott.

Es ist auffällig: für Gott gibt es wenig Raum in der Literatur, doch von den Engeln und auch von Dämonen ist häufig – wie auch immer – die Rede.

In der bildenden Kunst Engel darstellen
Im Jahre 325 gestattete das Konzil von Nicäa die Abbildung von Engeln. Damit nahm die Darstellung in der Kunst ihren Anfang, und bis heute erfreut sich der Engel in der Kunst einer großen Beliebtheit. Jedoch hat sich das Verständnis und auch die Darstellungsform im Laufe der Jahrhunderte radikal geändert, wie eine Ausstellung 1997 in der Wiener Kunsthalle sehr gut zu dokumentieren wusste.

„Die Geschichte der Engelsdarstellung lässt sich als Verfall des geheimnisvoll-mächtigen Himmelsboten zum vermenschlichten, androgyn-erotischen Schönling und weiter zum Devotionalienkitsch putziger Putten beschreiben. Von den feurigen Vier- und Sechs-Flügel-Gestalten blieben unter dem zunehmenden Einfluss antiker Bilderwelten in der Renaissance kaum mehr als ein paar handfeste Verkündigungsgestalten, englische Kerzenhalter und ein Heer von feisten Amoretten, die sich auf Wölkchen tummelten. Aus diesem mageren Repertoire hat die Kunst seither weitgehend geschöpft. Immateriell und übersinnlich war an diesen

Engeln nur noch wenig. Sie erschienen eher fleischlich, den Gesetzen der Schwerkraft unterworfen und damit ebenso liebenswert wie flugunfähig." (Brauchitsch, 102)

Erstaunlich ist die Renaissance der Engel in einer Zeit, die sich von der Religion und den Kirchen zu lösen scheint: die Sehnsucht nach ewiger Jugend und Schönheit, nach dem Göttlichen und Transzendenten scheint Flügel zu bekommen.

Interessant ist in der Kunst der Gegenwart vor allem der bereits erwähnte Maler Arnulf Rainer, der sich in seinem Werk vielfach mit so genannten Übermalungen beschäftigt hat. Ausdrücklich widmet er sich dabei auch dem Thema der Engel. „Sein Verständnis vom Christentum ist die ständige Wandlung, der Weg, das Geschehen. Das Kreuz und die Engel haben ihn immer wieder beschäftigt." (Brauchitsch, 110) Weg und Wandlung – Arnulf Rainer sieht in den Engeln diese Grundkomponenten des christlichen Glaubens gegeben, bzw. die Beschäftigung mit den Engeln hat etwas mit Weg und auch mit Wandlung zu tun.

In seinen Übermalungen, die einen großen Teil seiner Arbeit ausmachen, drückt sich allenthalben so etwas wie ein langsames Tasten, ein Suchen und Zögern aus, wie ein Gang durch ein unbekanntes Labyrinth. Es sind nicht einfach Übermalungen, einmal geschehen und dann zur Seite gelegt, vielmehr übermalt der Autor immer wieder, bis mitunter von der Vorlage, die übermalt worden ist, nichts mehr zu sehen ist. „Die Übermalungen sind Bilder, die über sein Kunstwerk gelegt werden, entweder ein eigenes Bild oder das eines Künstlerkollegen. Nirgends ist festgehalten, welches Bild oder wessen Bild sich unter den vielen übereinanderliegenden Farbschichten verbirgt, und Rainer sagt, er habe es vergessen, nach so vielen Jahren."[11]

Es bleibt allen Bildern etwas Rätselhaftes, als ob sie das Licht schlucken und in ein geheimnisvolles Dunkel aufnehmen. Sie haben etwas Beschwörendes an sich – so auch die Übermalungen, die er alten und traditionellen Engelbildern hat zuteil werden lassen. Es ist fast ein rituelles Malen, das ritualistische Bilder hinterlässt. Manchmal schaut ein Flügel hervor oder ein Gesicht oder eine Hand, ein wallendes Gewand oder Locken, manchmal nur noch ein Auge. Die Engelübermalungen drücken etwas Geheimnisvolles aus. Es ist, als wolle der Maler in dieser Art und Weise den Engeln ein neues, ein wieder geheimnisvolles Leben einhauchen. Er bedient sich klassischer Vorlagen und Vorstellungen, die er entfremdet – und so vielleicht auch wieder von neuem zugänglich macht.

Trotz vieler Unterschiede in der Darstellung der Engel bei den modernen Künstlern lassen sich doch auch viele Gemeinsamkeiten feststellen. Der Engel verbindet sich anscheinend noch immer mit Begriffen wie Stille, Schweigen und Kontemplation, Eintauchen in die Geschichte, Sehnsucht nach dem anderen, Mut. „Gemeinsam ist allen Positionen auch die Immaterialisierung, das Verschwinden, die Vergeistigung." (Brauchitsch, 114)

Vor allem aber ist der Engel eine Metapher für den Menschen des 20. Jahrhunderts, und um so anthropomorpher sind dann auch die Darstellungen der Engel. Geprägt sind sie oftmals vom Hunger nach Erkenntnis und von der Sehnsucht nach dem Geheimnisvollen.

Interessant ist die Tatsache, dass es im Sommer 1997 in Wien eine eigene Ausstellung zum Thema ‚Engel' gab, eine Ausstellung, die den Untertitel ‚Legenden der Gegenwart' trug. Es sollte, so heißt es im Grußwort des Katalogs, in dieser Ausstellung darum gehen, die Metapher des Engels als Leitgedanken auf das Problem der Individualität, der Selbstdarstellung und Persönlichkeitsdefinition zu beziehen. In diesem

Problem der Identitätsfindung und -bestimmung des Menschen steht die Figur des Engels für die Fraglichkeit und Unbestimmbarkeit des heutigen Menschen. Der Engel diente in dieser Ausstellung also weniger als Bote oder Vermittler, sondern als Repräsentant von Darstellungsformen, die sowohl klassisch-traditionelle als auch moderne und fragwürdige Formen beinhalten, da der Engel als solcher fragwürdig und letztlich nicht bestimmbar erscheint. Je näher man dem Phänomen zu kommen meint, desto undeutlicher werden die Konturen, wie es auch in der Darstellung und Identitätsfindung des modernen Menschen erkennbar ist. Der Engel steht als Metapher für den Menschen der Gegenwart und sein Dasein. „Die ‚leeren' Engel (Peter Sloterdijk) unserer Zeit, die ihre Möglichkeit als Medium (als Boten – ‚angeloi') zu verlieren drohen, bezeichnen die Problematik dieses Da-Seins, genauer die Identität des Menschen der Jetztzeit, ihre Fraglichkeit und Brüchigkeit. Das Thema ist somit die Suche nach Identität und der Versuch, Identifikationen zu finden und zu meistern – in dieser, unserer irdischen Welt. Die Metapher des Engels steht in dieser profanen Transzendenz auch für eine nicht geglückte oder verfehlte Anpassung an das Gegebene oder für den Widerspruch gegen die ‚normative Kraft des Faktischen' in unserem Dasein. Der Engel ist in dieser Konnotation immer auch das ‚Andere'". (Pichler, 11)

Der Engel repräsentiert das Andere, ob örtlich, zeitlich, in der Phantasie, in den Träumen oder Ideen oder Wünschen oder Sehnsüchten des Menschen – damit ist er eine immanente Darstellungsform, die in ihrer Immanenz auf die Transzendenz verweist.

Die Darstellungen der Engel versuchen Antworten zu geben auf das Erleben von Wirklichkeit und Gegenwart bzw. als Auseinandersetzungen mit dem, wie die Gegenwart und die Welt erlebt wird. Zum einen stehen die Engel für die Stille und die Ruhe und die Sehnsucht nach diesen beiden

Komponenten menschlichen Lebens, die in einer Gesellschaft, die von Hektik, von Medien und ständiger Erreichbarkeit, von Lärm und Berieselung geprägt ist, immer mehr abhanden kommen und gesucht werden. Engel symbolisieren aber auch das Bedrohliche, das Geheimnisvolle, das Angst macht. So war ein Thema der Ausstellung in Wien die Verbindung von Angst vor dem Fremden und der Gestalt der Engel. Einen großen Raum nahm innerhalb dieser Ausstellung die Darstellung des Engels in Verbindung mit der Triebhaftigkeit des menschlichen Lebens ein, vor allem im Bereich der Sexualität. Sie ist eine der treibenden Kräfte und Quellen des Lebens, die zugleich zerstörerisch wirken kann. Sie ist geheimnisvoll, manchmal auch das Andere im Menschen.

Der Engel ist in der Kunst der Gegenwart zu einer Denkfigur geworden, die als Folie des Überschreitens und des Ausbruchs aus der Enge der Realitäten dient.

Der Engel bleibt modern, und er wird es immer sein, denn er kündet immer wieder von der Kontingenz der Menschen und begleitet sie. Die Engel bezeichnen das Andere, das Fremde und Bedrohliche, das Rätselhafte im Menschen selbst. Sie sind darüber hinaus Sinnbilder für die Möglichkeit als solche und nähren die Sehnsucht nach nicht bedachten Möglichkeiten im menschlichen Leben.

Zugleich ist der Engel dem Menschen in vielfältigen Formen und Erscheinungsweisen nahe: der Schutzengel, der dämonische Verführer. Er erscheint in vielem doch greifbarer zu sein als Gott. „Die Engel relativieren die Einsamkeit des Menschen ebenso wie die Einsamkeit Gottes. Sie sind ihrer Bestimmung nach Gefährten, Wesen, die in unserer Nähe sind." (Plesu, 18f) Der Engel definiert sich durch seine Funktion, Vermittler zu sein und einen Raum der Kommunikation herzustellen. Durch den Engel wird der Abstand von Himmel und Erde überwunden, Engel sind Botschafter und Vermittler der Nähe.

Fragen zur persönlichen Reflexion
- Was verstehe ich unter Engel?
- Wo und wie erlebe ich Engel?
- Spielen sie eine Rolle in meinem Leben?
- Wo geht meine Sehnsucht hin: in der Nähe Gottes zu sein, ihn zu loben – engelgleich zu leben?

SCHLUSSWORT: SPIRITUALITÄT – EIN WEGGESCHEHEN

Im geistlichen Leben geht es um Betroffenheit, um Aufmerksamkeit und Ehrfurcht. Es geht darum, sich auf seinem Lebensweg als geistlichem Leben umformen zu lassen. Nur wer Umkehr und Anfragen zulässt, der kann intensiv und wahrhaft geistlich leben. Nur wer Scheitern und Alltag, nur wer Glaube und dunkle Nacht in ihrer Fragwürdigkeit stehen lassen kann, der kann in diesen Erfahrungen tiefes Leben erspüren, mag es auch noch so schmerzhaft sein, nur der ist der Mystiker und Christ von morgen. Mystik ist also kein intellektueller Überschwang, keine titanische Selbstverwirklichung des Menschen, sondern im Grunde nichts anderes als der Wesensvollzug des Menschen, indem er auf die Stimmen in seinem Lebensweg hört: in der Schöpfung, in sich selbst, im anderen – und darin dann Gottes leise Stimme in seinem Lebensweg, die ihn formt und umformt.

Der Weg als das klassische Motiv und Bild geistlichen Lebens ist nach wie vor sprechend wie kein anderes Bild. Ein Leben lang ist der Mensch auf dem Weg, sein Leben zu gestalten, neue Formen zu finden, sich in sich selbst und in seiner Umgebung einzurichten und mit Unvorhergesehenem fertig zu werden. Des Menschen Leben ist ein Weg. Selbst derjenige, der sich entschieden hat zu stagnieren, indem er ein festes Weltgefüge mit eindeutigen Prinzipien, Werten und Ordnungen hat, selbst derjenige ist auf einem Weg – und sei es der Weg des Alterns bis hin zum Tode, zu der Etappe des menschlichen Weges, die deutlich macht, wie wenig der Mensch Einfluss auf das hat, was sich auf seinem Lebensweg ereignet oder welche Etappen sich ankündigen.

Die letzte Etappe wird dem Menschen entrissen, ihr kann er sich nur stellen. Wohin führt dann der Weg?

Für den gläubigen Menschen ist der radikale Bruch und Umbruch des menschlichen Lebens im Tod nicht das Ende, sondern der Anfang eines Lebens in Fülle, wie auch immer das aussehen mag. Es ist die Vollendung und das Leben in der Nähe Gottes; um es mit den Worten der Väter zu sagen – es ist das Leben der Engel: in der Verherrlichung Gottes in seiner Nähe.

In der Tradition und in der Gegenwart gibt es viele Hilfen und Modelle, den eigenen Lebensweg zu gestalten und ihn auch gestärkt zu gehen. Wie bei den Mönchsvätern und bei Franziskus zu sehen war, ist es wichtig, das, was dem Einzelnen auf dem Lebensweg begegnet, ernst zu nehmen und es aufmerksam zu hinterfragen. Bin ich auf dem richtigen Weg? Ist es wirklich mein Lebensweg?

Der Mensch muss Formen finden, Rituale entwickeln und sich entscheiden; er kann scheitern, vieles gelingt aber auch auf diesem Weg, auf dieser wahrhaft ungeheuren Reise des menschlichen Lebens. Er muss Ausdrucksformen finden und in seiner Spiritualität Kreativität entwickeln. Gleichzeitig kann das nur gelingen, wenn sich der Gläubige bewusst wird, dass ein anderer, der ganz Andere ihm die Hand reicht, um den Weg mitzugehen.

Spiritualität ist ein Weggeschehen. Ein Geschehen, das den Menschen in all den Facetten des Lebens ergreifen und in Formen ausgedrückt werden will. Aus einer Spiritualität heraus zu leben bedeutet, sich den Zeichen der Zeit zu stellen, diese mit den Grundlagen und den Quellen des eigenen Lebens zu konfrontieren, daraufhin sich oder die Formen zu verändern, umzuformen und den Weg des Lebens weiterzugehen. Umformung ist das bestimmende Element gelebten spirituellen Lebens. Als Christ weiß sich der Gläubige von einem Gott gerufen, der sich ihm immer wieder nähern will und ihn auf seinem Lebensweg begleitet. Es gilt, sich diesem Anruf im Lebensalltag zu stellen.

Spiritualität ist Weggeschehen. Geistliches Leben ist das Leben in seiner Gänze, in seiner Alltäglichkeit und in seinen herausragenden Momenten. Geistlich und spirituell zu leben bedeutet, den Weg des Lebens aufmerksam und kritisch, mit und in allen Sinnen zu gehen und die Zeichen am Wegesrand, die Begegnungen auf dem Wege und die Erinnerungen und Erfahrungen vergangener Wegetappen im Licht des Glaubens zu deuten und in ihnen die Spuren Gottes für Gegenwart und Zukunft zu entdecken.

ANMERKUNGEN

[1] Vgl. dazu: Die religiöse Dimension der Gesellschaft. Religion und ihre Theorien, hrsg. v. P. Koslowski, Tübingen 1985; Religiöse Erfahrung im Ausbruch aus den Traditionen, hrsg. v. P.-M. Pflüger, Stuttgart; Schulze, G., Die Erlebnisgesellschaft. Kultursoziologie der Gegenwart, Frankfurt a. M. / New York [6]1996; Wiederkehr von Religion?, hrsg. v. W. Oelmüller, Paderborn 1984 (Kolloquium ‚Religion und Philosophie' Bd. 1).

[2] Zum Allmachtsbegriff bei Kierkegaard vgl.: Bösch, M., Sören Kierkegaard: Schicksal – Angst – Freiheit, Paderborn/München/Wien/Zürich 1994, 172–175. Zur Problematik der Allmacht Gottes vgl.: Dienberg, Th., Vom Glauben an das DU. ‚Ich glaube an Gott, den Vater, den Allmächtigen', in: Glauben leben. Zeitschrift für Frauen in Kirche und Orden, Januar 1999, Heft 1, S. 2–6.

[3] Sölle, D., aus: Credo, in: Dich kennen, Unbekannter? Religiöse deutschsprachige Lyrik von den Anfängen bis zur Gegenwart, hrsg. v. P. Fietzek, Mainz 1992, S. 120f, hier S. 120.

[4] Franz von Assisi, BReg Kapitel 1, in: Schriften, Werl [4]1982, S. 99.

[5] Gadamer, H.-G., Wahrheit und Methode, Tübingen [2]1965, S. 450.

[6] Bei den folgenden Ausführungen bin ich meinem Mitbruder Christof Stadelmann sehr dankbar, der als Musikwissenschaftler mich mit den nötigen Informationen und Stichworten sowie der Literaturrecherche versorgt hat.

[7] Übers. nach: Entretien avec Olivier Messiaen, in: Messiaen, Saint François d'Assise, Libretto, Analyse, Kommentare, Dokumentation, Salzburger Festspiele 1992, S. 15.

[8] Hagmann, Peter, Gotteslob im Neonlicht. Messiaens ‚Saint François d'Assise' in der Felsenreitschule, in: Neue Zürcher Zeitung vom 29. 8. 1992, S. 32.

[9] Vgl. dazu Einhorn, J. W., „Zeige deine Wunde". Franz von Assisi und Joseph Beuys, in: Mystik in den franziskanischen Orden, hrsg. v. J.-B. Freyer, Kevelaer 1995. (Veröffentlichung der Johannes-Duns-Scotus-Akademie für franziskanische Geistesgeschichte und Spiritualität, Mönchengladbach, Bd. 3.)

[10] Dieser Punkt ist maßgeblich in der kritischen Diskussion rund um das so genannte Engelwerk in der katholischen Kirche. Es geht um Gottes Offenbarung in Jesus Christus und seine personale Zuwendung zum Menschen,

nicht um die Engelhierarchie oder die Teilung der Welt in den Kampf von Gut gegen Böse.

[11] Fuchs, Das Labyrinth, S. 23. So schreibt Arnulf Rainer folgerichtig auch, dass Bilder für ihn nicht zum Anschauen da sind, sondern zum Ändern. Vgl. Arnulf Rainer, in: Fuchs, S. 39.

Die Gedichte von Peter Härtling (S. 117f und S. 140) sind entnommen: Das Land, das ich erdachte. Gedichte 1990–1993. © by Radius-Verlag, Olgastraße 114, 70180 Stuttgart.

LITERATURVERZEICHNIS

Alltag, in: LThK ³1993, 417–420.

Bamberg, C., „Bleibe treu und geh". Gehen und Bleiben im christlichen Mönchtum, in: meditation 25 (1999) 11–13.

Bei, N., Die schreckliche Ubiquität der Engel, in: Engel, Engel, 33–50.

Berger, G., In seinen Werken lebt er weiter – zum Tod von Olivier Messiaen, in: Musica sacra 112 (1992) 194–199.

Bonaventura, Franziskus, Engel des sechsten Siegels, Werl 1962.

Böll, H., Ansichten eines Clowns, in: Ders., Billard um halb zehn, Ansichten eines Clowns, Ende einer Dienstfahrt, Köln 1973, 217–387.

Böll, H., Eine deutsche Erinnerung. Interview mit Rene Witzen, München ⁴1991.

Böll, H., Der Engel schwieg, Köln 1992.

Böll, H., Und sagte kein einziges Wort, München ⁸1987.

Brauchitsch, B. v., Jenseits von Eden. Engel in der zeitgenössischen Kunst, in: Die Wiederkunft der Engel. Beiträge zur Kunst und Kultur der Moderne, hrsg. v. M. Herzog, Stuttgart / Berlin / Köln 2000, 101–120.

Brief von Papst Johannes Paul II. an die Künstler, Vatikanstadt 1999.

Der Bund des heiligen Franziskus mit der Herrin Armut. Einführung, Übersetzung und Anmerkungen von K. Eßer und E. Grau, Werl 1966.

Celano, T. v., Leben und Wunder des heiligen Franziskus von Assisi. Einführung, Übersetzung und Anmerkungen von E. Grau, Werl 1955.

Christus in der bildenden Kunst. Von den Anfängen bis zur Gegenwart, hrsg. v. K. Winnekes, München 1989.

Die Dreigefährtenlegende des heiligen Franziskus von Assisi von Bruder Leo, Rufin und Angelus. Einführung, Übersetzung und Anmerkungen von E. Grau, Werl 1993.

Engel, Engel. Legenden der Gegenwart, hrsg. v. C. Pichler, New York / Wien 1997. (Ausstellungskatalog zur Ausstellung: Engel Engel, vom 11. Juni bis 7. September 1997 in der Kunsthalle Wien)

Failing, W.-E., Heimbrock, H.-G., Gelebte Religion wahrnehmen: Lebenswelt – Alltagskultur – Religionspraxis, Stuttgart / Berlin / Köln 1998.

Fraling, B., Geistliche Erfahrungen machen. Spiritualität im Seelsorge-Verbund, Würzburg 1992. (Reihe Perspektiven für die Seelsorge, 7)

Frank, S., ΑΓΓΕΛΙΚΟΣ ΒΙΟΣ. Begriffsanalytische und begriffsgeschichtliche Untersuchung zum ‚Engelgleichen Leben' im frühen Mönchtum, Münster 1964. (Beiträge zur Geschichte des alten Mönchtums und des Benediktinerordens, Heft 26)

Fuchs, R. H., Das Labyrinth, in: Ders., Arnulf Rainer. 126. Sonderausstellung Historisches Museum Wien, Wien 1989.

Fuchs, G., Werbick, J., Scheitern und Glauben. Vom christlichen Umgang mit Niederlagen, Freiburg / Basel / Wien 1991.

Grün, A., Auf dem Wege. Zu einer Theologie des Wanderns, Münsterschwarzach 1983.

Grün, A., 50 Engel für das Jahr. Ein Inspirationsbuch, Freiburg ^{14}1997.

Härtling, P., Rainer, A., Engel – Gibt's die? 28 Gedichte, 30 Übermalungen, Stuttgart 1992.

Heidegger, M., Der Feldweg, in: Martin Heidegger. Zum 80. Geburtstag von seiner Heimatstadt Messkirch, Frankfurt a. M. 1969, 11–15, 11.

Herbort, H.-J., Der Musikant seines Gottes. Zum Tode des Komponisten, Organisten, Lehrers und Kunst-Philosophen-Theologen Olivier Messiaen, in: Die Zeit vom 8. 5. 1992, S. 62.

Kafka, F., Der Aufbruch, in: Ders., Sämtliche Erzählungen, Frankfurt a. M. 1983.

Kapellari, E., Sprache der Kunst – Sprache des Glaubens, in: Die Kunst und die Kirchen. Der Streit um die Bilder heute, hrsg. v. R. Beck, R. Volp, G. Schmirber, München 1984, 38–45.

Kern, H., Labyrinthe, München 1982.

Körner, R., Geistlich leben. Von der christlichen Art, Mensch zu sein, Leipzig ^{2}1997.

Langemeyer, B., Gotteserfahrung und religiöses Erleben, in: Seminar für Spiritualität, Bd. 1: Geist wird Leib, hrsg. v. A. Rotzetter, Zürich / Einsiedeln / Köln 1979, 113–126.

Leclerc, E., Weisheit eines Armen. Franziskus gründet seinen Orden, Werl 1983.

Linden, R., Vater und Vorbild. Franziskus – Forma Minorum, Werl 1960.

Luther, H., Religion und Alltag. Bausteine zu einer praktischen Theologie des Subjekts, Stuttgart 1992.

McGrath, P., Der Engel, in: Engel, Engel. Legenden der Gegenwart, hrsg. v. C. Pichler, New York / Wien 1997, 177–190. (Ausstellungskatalog zur Ausstellung: Engel Engel, vom 11. Juni bis 7. September 1997 in der Kunsthalle Wien)

Mennekes, F., Beuys zu Christus. Eine Position im Gespräch, Stuttgart ⁴1994.

Mennekes, F., Joseph Beuys Manresa. Eine Fluxus-Demonstration als geistliche Übung zu Ignatius von Loyola, Frankfurt a. M./Leipzig 1992.

Nielen, M., Frömmigkeit bei Heinrich Böll, Annweiler 1987.

Olivier Messiaen. La Cité céleste – Das himmlische Jerusalem. Über Leben und Werk des französischen Komponisten, hrsg. v. Th. D. Schlee, D. Kämper, Köln 1998.

Oman, H., Joseph Beuys. Die Kunst auf dem Weg zum Leben, München 1998.

Pichler, C., Vorwort, in: Engel, Engel. Legenden der Gegenwart, hrsg. v. C. Pichler, New York / Wien 1997, 11f. (Ausstellungskatalog zur Ausstellung: Engel Engel, vom 11. Juni bis 7. September 1997 in der Kunsthalle Wien)

Plesu, A., Engel: Elemente für eine Theorie der Nähe, in: Engel, Engel. Legenden der Gegenwart, hrsg. v. C. Pichler, New York / Wien 1997, 15–31. (Ausstellungskatalog zur Ausstellung: Engel Engel, vom 11. Juni bis 7. September 1997 in der Kunsthalle Wien)

Pohlmann, C., Franziskus – ein Weg. Die franziskanische Alternative, Mainz 1980.

Pottmeyer, H. J., Die Entzweiung von Erfahrung und Glaube in der Neuzeit als Herausforderung an die Theologie, in: Lebenserfahrung und Glaube, hrsg. v. G. Kaufmann, Düsseldorf 1983, 25–42.

Ressel, H., Rituale für den Alltag. Warum wir sie brauchen – wie sie das Leben erleichtern, Freiburg 1998.

Rößler, A., Beiträge zur geistigen Welt Olivier Messiaens, Duisburg 1984.

Ruhbach, G., Geistlich leben. Wege zu einer Spiritualität im Alltag, Gießen/Basel 1996.

Schmied, W., Spiritualität in der Kunst des 20. Jahrhunderts, in: Die Kunst und die Kirchen. Der Streit um die Bilder heute, hrsg. v. R. Beck, R. Volp, G. Schmirber, München 1984, 112–135.

Schart, A., Der Engelglaube in der biblischen Tradition. Mit Ausblicken in die Religionsgeschichte, in: Die Wiederkunft der Engel. Beiträge zur Kunst und Kultur der Moderne, hrsg. v. M. Herzog, Stuttgart/Berlin/Köln 2000, 35–69.

Schneider, H. J., Weg und Bewegung. Zur religionspädagogischen Ausfaltung eines christlichen Leitmotivs, in: Katechetische Blätter 105 (1980) 171–181.

Schneider, M., Theologie als Biographie. Eine biographische Grundlegung, St. Ottilien 1997.

Schreiter, J., Kunst – eine Chance der Religion? Plädoyer für eine neue Spiritualität, in: Die Kunst und die Kirchen. Der Streit um die Bilder heute, hrsg. v. R. Beck, R. Volp, G. Schmirber, München 1984, 222–230.

Schweizer, K., „Messiaen, Olivier", in: Metzler Komponisten Lexikon, hrsg. v. H. Weber, Stuttgart 1992, 485–489.

Schwens-Harrant, B., Erlebte Welt – Erschriebene Welten. Theologie im Gespräch mit österreichischer erzählender Literatur der Gegenwart, Innsbruck/Wien 1997. (Salzburger theologische Studien, 6)

Sennett, R., Der flexible Mensch. Die Kultur des neuen Kapitalismus, Berlin 1998.

Vorgrimler, H., Wiederkehr der Engel? Ein altes Thema neu durchdacht, Kevelaer [3]1999.

Waaijman, K., Wat is spiritualiteit, Nijmegen 1992. (TBI-studies, 1)

Wanke, J., Heute geistlich leben. Hirtenwort zur Österlichen Bußzeit 1986, in: Körner, R., Geistlich leben. Von der christlichen Art, Mensch zu sein, Leipzig [2]1997, 61–71.

Weismayer, J., Leben in Fülle. Zur Geschichte und Theologie christlicher Spiritualität, Innsbruck/Wien 1983.

Die Wiederkunft der Engel. Beiträge zur Kunst und Kultur der Moderne, hrsg. v. M. Herzog, Stuttgart/Berlin/Köln 2000. (Irseer Dialoge, Bd. 2)

Zahrnt, H., Gotteswende. Christsein zwischen Atheismus und Neuer Religiosität, München/Zürich 1989.

Zulehner, P. M., Pastoraltheologie, Bd. 3: Übergänge: Pastoral zu den Lebenswenden, Düsseldorf 1990.